SCHOTTLAND

Covermotiv: Kilchurn Castle am Loch Awe in der Region Argyll und Bute.

Frontispiz: Auch vier Jahrtausende nach seiner Errichtung ist Callanish ein mythischer Ort, der Besucher in seinen Bann zieht. Er gilt als Stonehenge des Nordens.

www.komet-verlag.de
Gesamtherstellung: KOMET Verlag GmbH, Köln
Produktion: Feierabend Unique Books, Köln

ISBN 978-3-89836-718-9

Vincent Corman
Fotografie: Jan Hübler

SCHOTTLAND

KOMET

Einleitung

Dudelsackspielende Royal Scots auf dem Marsch durch die Highlands – ein Fest für Touristen. Die Fusiliers tragen Kilts und darüber die sogenannten Sporrans, Ledertaschen, die mit Quasten verziert sind. Über der Schulter hängt der Dudelsack, den zu spielen ein nicht geringes Maß an Können erfordert.

Vorherige Doppelseite: Burgen prägen das Schottland-Bild bis heute. Die bekannteste Burg des Landes ist wohl Eilean Donan Castle an der Westküste. Im 13. Jahrhundert erbaut, erlebte sie zahlreiche Zerstörungen und Wiederaufbauversuche, bis die heutige Anlage vor nicht einmal 100 Jahren Rekonstruiert wurde. Mittlerweile lockt die märchenhafte Burg jedes Jahr tausende Besucher an, ihre Popularität wurde durch zahlreiche Filmauftritte noch gesteigert. In der Burg ist ein Museum eingerichtet. Wer will, kann einzelne Räume auch mieten.

Burgen, Disteln, Dudelsäcke, Karomuster und ein Ungeheuer, das niemand je wirklich gesehen hat – wer nach Schottland reist, wird all diese lieb gewonnenen Klischees bestätigt finden. Die Schotten verstehen es vorzüglich, tatsächliche oder vermeintliche nationale Eigenheiten publikumswirksam zu pflegen und zu inszenieren. Doch Schottland ist natürlich viel mehr als das.

Vor allem die raue, vielerorts unberührte Landschaft zieht Besucher immer wieder in ihren Bann – und das nicht erst seit dem Zeitalter des Massentourismus. Theodor Fontane kam angesichts der landschaftlichen Schönheit Schottlands bereits vor 150 Jahren ins Schwärmen. Einsame Berglandschaften, versunkene Täler, romantische Seen, verlassene Burgen, unheimliche Moore, felsige Küsten – die Anziehungskraft Schottlands ist ungebrochen. Und allzu viel hat sich in den letzten Jahrhunderten nicht verändert, zumindest, was die landschaftlichen Reize anbetrifft. Schottland ist außerdem ein Land, in dem Geschichte und Tradition nach wie vor eine große Bedeutung haben, für die Schotten selbst ebenso wie für die meisten Schottlandbesucher. Gerade die Verbindung von karger Landschaft, mittelalterlichen Gemäuern und illustren Sagen mit Anekdoten und Historien von Schlachten, Clans und Königen macht den eigenen Reiz dieser Region im Norden Europas aus. Hinter der herben Schönheit dieser einsamen Landschaften verbirgt sich eine bewegte, oft blutige Geschichte, die man in Grundzügen kennen sollte, will man etwa das schwierige Verhältnis zwischen Schotten und Engländern verstehen. Der Schottland-Reisende sollte eines immer beherzigen: Schottland ist ein Teil von Großbritannien, nicht von England. Im Deutschen nimmt man es mit dem Bedeutungsunterschied nicht so genau, doch Schotten und Waliser sehen das verständlicherweise anders. Also sagen Sie nie, Sie seien in England!

Neben dem stark von der Geschichte geprägten ländlichen Schottland hat das Land natürlich auch eine hochmoderne Seite, besonders in den Metropolen Glasgow und Edinburgh. Gerade

Red Cottage heißt eines dieser typischen Häuschen mit dem rot gestrichenen Dach auf den Hebriden. Einige kann man sogar mieten, sie sind im Innern modernisiert.

Glasgow, einst das hässliche Entlein neben der schönen Residenzstadt Edinburgh, hat beachtlich aufgeholt und wurde 1990 nicht zufällig Kulturhauptstadt Europas. Insgesamt hat sich Schottland in den letzten fünfzehn Jahren rasant gewandelt. Von der noch in den 80er Jahren zu spürenden depressiven Stimmung der im europäischen Vergleich wirtschaftlich stark abgefallenen Region ist nichts geblieben. Verändert hat sich auch das politische Verhältnis zu England. 1999 erhielt Schottland ein eigenes Parlament, das eine weitgehend unabhängige Innenpolitik gestalten kann – nach Jahrhunderten der Bevormundung durch England. Zum politischen Fortschritt kommt der wirtschaftliche Aufschwung, durch den ganz Großbritannien zum europäischen Vorbild wurde. Für Reisende aus Deutschland macht sich dies unter anderem auch finanziell bemerkbar – Schottland ist teuer.

Aber lassen Sie sich nicht abschrecken: Wer einmal durch Schottland gereist ist, kommt normalerweise wieder. Wetterfest sollte man natürlich sein, denn in Schottland weiß man nie, wie das Wetter sich entwickelt; ein beliebter schottischer Ausspruch lautet: „Wenn Sie das Wetter nicht mögen, warten Sie einfach fünf Minuten."

Nächste Doppelseite: Eine malerische Halbinsel auf Skye, die nur bei Ebbe trockenen Fußes zu erreichen ist. Schotten nennen diese Inseln Oronsay, der Name geht auf die Wikinger zurück. Im Hintergrund sind die Klippen von Skye zu sehen.

DAS LAND

Fläche: ca. 78.000 km²
Einwohnerzahl: ca. 5 Millionen
Bevölkerungsdichte: 64 Einwohner pro km²
Geographische Regionen: Highlands, Central Lowlands, Southern Uplands
Hauptstadt: Edinburgh (ca. 430.000 Einwohner)
Längster Fluss: River Tay: 188 km
Höchste Erhebung: Ben Nevis (Höhe: 1.343m)
Klima: Gemäßigte Klimazone
Regen: 1.200 mm Niederschlag im Jahr (Mittelwert)
Amtssprache: Englisch
Weitere Sprachen: Schottisch, Gälisch
Wichtigste Erzeugnisse: Whisky, Erdöl, Software, Textilien
Staatsform: Konstitutionelle Monarchie
Währung: Pfund Sterling, mit eigenen schottischen Noten

WICHTIGE DATEN FÜR REISENDE

Botschaft Vereinigtes Königreich
Wilhelmstrasse 70
10117 Berlin
030-20 45 7-0

Scotland's National Tourism Board
PO Box 121
Livingston, EH54 8AF
0044 (0)1506 - 832121

Britische Zentrale für Fremdenverkehr
Westendstraße 16–22
60325 Frankfurt
069-97 11 23

Edinburgh and Scotland Information Centre
3 Princes Street
Edinburgh, EH2 2QP
0044 (0)845-22 55 121

Stolze Burgwache in Edinburgh. Noch heute wird die Festung der schottischen Hauptstadt als Sitz des Royal Regiment of Scotland genutzt. Im Hintergrund ist die Statue des Nationalhelden Robert Bruce zu sehen.

Geschichte

Nach der Eroberung Englands errichteten die Römer den Hadrianswall, um die eroberten Gebiete vor den schottischen Stämmen zu schützen. Ein zweiter Wall weiter nördlich wurde errichtet, aber kurz darauf wieder aufgegeben.

Die Geschichte Schottlands beginnt in der Steinzeit, als erste Siedler über die Landzunge kamen, die die britischen Inseln noch vor ca. 6.000 Jahren mit dem europäischen Festland verband. Aus der Jungsteinzeit finden sich heute noch Steinformationen à la Stonehenge, deren Zweck und Bedeutung nicht vollständig bekannt sind. Die vorchristlichen Bewohner müssen ein hartnäckiges Volk gewesen sein, denn sie schafften es dauerhaft, sich des römischen Zugriffs zu erwehren. Nachdem die Nordgrenze des Römischen Reichs bis nach Nordengland vorgerückt war, hielten es die Römer für notwendig, einen Schutzwall gegen die wiederholten Übergriffe der schottischen Stämme zu errichten: den Hadrianswall (begonnen 122 n. Chr.). Damit bescherten sie Großbritannien eine seiner beliebtesten Sehenswürdigkeiten, die heute zum UNESCO-Weltkulturerbe gehört. Die Befestigung der Nordgrenze sollte neben militärischer Sicherheit auch eine bessere Kontrolle des Handels ermöglichen. Der Wall, von dem heute noch große Teile erhalten sind, erstreckte sich über 120 km vom Solway Firth im Westen bis zur Tyne-Mündung im Osten und markiert damit die schmalste Stelle der Britischen Insel. Etwa zwanzig Jahre nach Errichtung des Hadrianswalls versuchten die Römer, die Grenze nach Norden zu verschieben und sie durch eine zweite Befestigungsanlage zu sichern. Doch der Antoninuswall, etwa 160 km nördlich zum Hadrianswall gebaut, konnte nicht lange gehalten werden. Um 164 n. Chr. gaben die Römer auf und zogen sich wieder zum Hadrianswall zurück. Schottland, oder Caledonia, wie die Römer es nannten, blieb also unabhängig, während England und Wales bis zum Abzug der Römer im fünften Jahrhundert römische Provinzen waren. Die damaligen Bewohner Schottlands, von den Römern Pikten genannt, hatten eine eigenständige Kultur und Sprache. Zu ihnen gesellten sich die keltischen Skoten, die von Irland aus einfielen. Mit der Vereinigung der beiden Stämme unter Kenneth MacAlpin 843 verschwand die Sprache der Pikten, und es wurde keltisch gesprochen. Zu dieser Zeit hatten sich in England auch die Stämme der Jüten, Angeln und Sachsen niedergelassen und germanische Sprachen eingeführt.

Nach der Vereinigung der beiden größten in Schottland herrschenden Stämme zu einem Reich wurde Kenneth MacAlpin zu Kenneth I., dem ersten schottischen König. In diesem ersten schottischen Königreich ging es allerdings alles andere als geordnet zu: Neben dem König gab es zahlreiche Clan-Häuptlinge, die eigene Interessen verfolgten und keineswegs gewillt waren, sich unterzuordnen. Hinzu kamen Feinde von außen: Engländer und Wikinger machten dem König das Leben und Regieren schwer. Dennoch: Militärische Erfolge führten allmählich zur Erweiterung des Herrschaftsbereiches, bis Schottland etwa um die erste Jahrtausendwende seine heutige Größe erreichte.

Robert Bruce, oder König Robert I., wurde im ersten schottischen Unabhängigkeitskrieg zum schottischen Nationalhelden schlechthin. Während sein Mitkämpfer William Wallace dem englischen König in die Hände fiel und hingerichtet wurde, gelang es Robert, der seit seiner Jugend am englischen Königshof dem englischen König durchaus nahestand, auf die äußeren Hebriden zu fliehen. 1307 begann er, mit einem Heer die Engländer nach und nach zurückzudrängen, bis die Schlacht von Bannockburn zum schottischen Sieg und zum Ende des Unabhängigkeitskrieges führte. Als „Vater der Nation" ging er in die Geschichte ein.

DAS MITTELALTER

Als *William the Conqueror* (Wilhelm der Eroberer) 1066 von der Normandie aus die Invasion in England startete, flohen große Teile des englischen Adels in den Süden Schottlands. Dies wirkte sich nicht nur auf das kulturelle Leben aus, das fortan eine starke englische Prägung erfuhr, die römische Kirche verdrängte auch allmählich die alte keltische Kirche. Insgesamt erfuhr zumindest der Süden Schottlands durch diese plötzliche Zuwanderung aus England eine deutliche Modernisierung in Kultur, Verwaltung und Politik. Die Highlands blieben davon allerdings weitgehend unberührt.

Die bekannteste Figur des schottischen Mittelalters wurde ausgerechnet durch einen englischen Dichter weltberühmt: Macbeth. Shakespeares düstere Tragödie um den charakterschwachen Königsmörder, der ob seiner Tat dem Wahnsinn verfällt, entspricht so ganz und gar dem modernen Bedürfnis nach finsterer mittelalterlicher Romantik. Tatsächlich sieht die Sache natürlich etwas nüchterner aus: Zwar ermordete der historische Macbeth den König Duncan, doch weder ist eine entscheidende Rolle seiner Frau dokumentiert, noch führte diese Tat unmittelbar zu seinem eigenen Untergang. Macbeth regierte Schottland fast zwanzig Jahre lang, bis er starb – hier allerdings stimmt der Mythos wieder mit der Realität überein: Macbeth wurde 1057 von Duncans Sohn

Malcolm ermordet. Von den Hexen, die bei Shakespeare eine entscheidende Rolle spielen, ist in diesem Zusammenhang allerdings nichts überliefert.

Das Mittelalter brachte für Schottland nicht nur die Bildung eines Königreiches, sondern auch den Beginn einer schwierigen Nachbarschaft mit England. Kriegerische Auseinandersetzungen um Territorien gehörten in den folgenden Jahrhunderten ebenso zum schottisch-englischen Verhältnis wie eine Heiratspolitik, die allmählich zu einem komplizierten Gewirr aus Beziehungen und Erbansprüchen zwischen den beiden Staaten führte. Für den englischen Königshof galt Schottland lange Zeit ebenso wie Wales und Irland als rückständiger Hinterhof, und die Versuche, es als Kolonie in den eigenen Machtbereich einzugliedern, gingen für England oft sehr verlustreich aus. Edward I. von England gelang es schließlich, Schottland und Wales unter seine Kontrolle zu bringen. Als klares Zeichen der Unterwerfung ließ Edward den *Stone of Scone* (Stein von Scone) nach Westminster bringen und in den englischen Krönungsthron einfügen.

Stone of Scone: Der Stein, dessen Herkunft Gegenstand zahlreicher Mythen ist, spielte im schottischen Krönungszeremoniell eine entscheidende Rolle. Perth war einst die Hauptstadt Schottlands und das nahe gelegene Scone der schottische Krönungsort des Mittelalters. Der noch von den Pikten stammende Stein, dem diverse biblische Bezüge angedichtet wurden, diente im Prinzip als Thron: Während der Krönung setzte sich der Anwärter darauf und ward somit König der Schotten.

Auch wenn Schottland nominell erst 1607 mit England vereinigt wurde, manifestierte sich bereits im Mittelalter die englische Dominanz über den Norden der Insel. Edward trug also nicht umsonst den Beinamen „Hammer der Schotten“. Der *Stone of Scone* verblieb auch in Westminster, als die schottischen Stuart-Könige den englischen Thron bestiegen. Erst 1996, exakt 700 Jahre nach dem Raub durch Edward, durfte der Stein nach Schottland zurückkehren: Er befindet sich heute im Edinburgh Castle.

Die Brutalität, mit der Edward die Schotten unterwarf (unter anderem ließ er nahezu die gesamte Bevölkerung von Berwick-upon-Tweed massakrieren), führte bei den Schotten zu Verbitterung und Hass. Widerstand formierte sich und mündete im ersten Unabhängigkeitskrieg, der die beiden schottischen Nationalhelden, William Wallace und Robert Bruce, hervorbrachte. William wurde Opfer eines schottischen Verrats. Ihm kam die zweifelhafte Ehre zuteil, neben dem letzten unabhängigen walisischen Herrscher der Erste zu sein, der nach einer unter Edward I. eingeführten Hinrichtungsmethode umkam: Er wurde *hung, drawn and quar-*

William-Wallace-Denkmal bei Stirling. Wallace lehnte sich gegen die Unterwerfung Schottlands durch Englands König Edward I. auf und wurde so zum Nationalhelden. Er hatte allerdings weniger Glück als sein Mitstreiter Robert Bruce. Er geriet in englische Gefangenschaft und wurde 1305 in London öffentlich grausam hingerichtet. Der Legende nach blieb Wallace ungebrochen bis zum Tode. 1995 wurde sein Leben verfilmt in Mel Gibsons „Braveheart“. Inspiriert durch den Film, stellte man am Fuße des Monuments eine Wallace-Statue auf, die deutliche Ähnlichkeit mit Mel Gibson aufweist. Seitdem zieht sie den Zorn der widerspenstigen Schotten auf sich, denn gänzlich möchte man sich doch nicht von Hollywood vereinnahmen lassen.

tered (gehängt, geschleift und gevierteilt). Robert Bruce dagegen hatte mehr Glück: Nach dem Tod Edwards I. gelang es ihm, die Engländer in der Schlacht von Bannockburn vernichtend zu schlagen.

BANNOCKBURN

Die schottische Geschichte brachte eine ganze Reihe von Heldenfiguren und historischen Ereignissen hervor, deren Andenken der geschundenen schottischen Seele Trost und Selbstbewusstsein gab. Eines der wichtigsten Ereignisse in der schottischen Geschichte ist die Schlacht von Bannockburn.

Nachdem Edward I. von England die Schotten zur Unterwerfung gezwungen hatte, gelang es William Wallace und Robert Bruce, den Engländern empfindliche militärische Niederlagen zuzufügen. Nach Edwards Tod wendete sich das Blatt im ersten schottischen Unabhängigkeitskrieg zugunsten von Robert Bruce. In der Nähe der von den Engländern gehaltenen Festung Stirling (nördlich von Edinburgh) kam es 1314 zwischen dem zahlenmäßig deutlich überlegenen englischen Heer und den Truppen Robert Bruces zur Konfrontation, die die Schotten klar für sich entscheiden konnten. Die Legende will, dass vom Kontinent geflohene Tempelritter auf Seite der Schotten in die Schlacht gezogen waren. Der militärisch schwache englische König Edward II. musste fliehen, und die

Tragisches Opfer politischer Intrigen oder halsstarrige Regentin, der es an diplomatischem und taktischem Geschick mangelte? An der Beurteilung der Königin Mary Stuart scheiden sich die Geister. Friedrich Schiller machte sie zur tragischen Heldin und beeinflusste unseren Blick auf sie bis heute.

Engländer zogen sich aus Schottland zurück. So war Robert gelungen, womit keiner gerechnet hatte: die Befreiung Schottlands von der englischen Vorherrschaft. Bereits 1306 war Robert zum schottischen König Robert I. gekrönt worden, ohne über ein Königreich zu verfügen. Der Sieg von Bannockburn verschaffte Robert I. auch die Akzeptanz unter den notorisch zerstrittenen schottischen Clans. Damit wurde er zum Nationalhelden, und Schottland war wieder ein unabhängiges Königreich – wenn auch nur auf Zeit.

DIE NEUZEIT

Während der Reformation blieben Schottland und das regierende Haus Stuart auf der katholischen Seite, was natürlich das Verhältnis zum anglikanischen England erneut erschwerte. Die Figur, die diesen Entwicklungen zum Opfer fiel, ging in die Geschichte ein als die tragische Königin Mary Stuart.

MARY STUART

Die Tochter von König James V. von Schottland wurde am 8. Dezember 1542 im Palast von Linlithgow, Schottland geboren. Ihr bewegtes und widersprüchliches Leben macht sie sicherlich zum bekanntesten schottischen Monarchen. Obwohl sie schon sechs Tage nach ihrer Geburt Königin von Schottland wurde, genoss sie ihre Erziehung fernab der Heimat in Frankreich. 1558 wurde sie durch die Heirat mit Franz II. Königin von Frankreich. Nach nur zwei Jahren Ehe starb ihr Mann, und Mary Stuart kehrte in ihre Heimat Schottland zurück. Im Vergleich zum französischen Hof muss ihr Schottland barbarisch vorgekommen sein. Während ihrer Abwesenheit hatte die Reformation auch in Schottland großen Zulauf genossen, und John Knox hetzte das Volk gegen die katholische Regentin auf. Als Mary Stuart 1561 in Edinburgh ankam, fand sie ein Land vor, in dem sich die presbyterianisch reformierte Kirche durchgesetzt hatte. Entgegen aller Staatsraison, die eine Ehe mit politischem Nutzen verlangte, heiratete sie 1565 ihren Vetter Lord Darnley und brachte 1566 den späteren König James zur Welt. Doch auch diese Ehe sollte nicht für die Ewigkeit halten. 1567 starb Lord Darnley infolge eines Mordkomplotts, und nur drei Monate nach seiner Ermordung ging Mary die Ehe mit James Hepburn, 4. Earl of Bothwell – dem mutmaßlichen Mörder ihres

Mannes – ein. Dies brachte den schottischen Adel endgültig gegen sie auf, und es kam zu öffentlichen Rufen nach ihrer Abdankung. Nachdem sie in Gefangenschaft geraten war, musste sie schließlich 1567 zugunsten ihres Sohnes James den Thron aufgeben.

Mary gelang die Flucht, und sie wandte sich hilfesuchend an ihre Cousine, die englische Königin Elizabeth I. Dies erwies sich als fataler Fehler, denn Elizabeth sah sich erheblichen Zweifeln an der Rechtmäßigkeit ihrer eigenen Regentschaft ausgesetzt. Zudem erschien die katholische Mary den katholischen Kräften der europäischen Gegenreformation als ideale Rivalin um die englische Krone. Über ihre väterliche Abstammung hätte Mary durchaus Ansprüche anmelden können. Elizabeth sah sich gezwungen, ihre Cousine zu inhaftieren, wollte sie ihre eigene Regentschaft nicht in ernsthafte Gefahr bringen. 19 Jahre lang hielt man Mary ‚Queen of Scots' auf verschiedenen englischen Burgen gefangen, bis der Verdacht, sie sei in ein Komplott gegen Elizabeth verwickelt, die englische Königin zum Handeln trieb: Mary wurde des Hochverrats angeklagt und ein Jahr später, am 8. Februar 1587, auf Schloss Fotheringhay geköpft. Immerhin hat die Geschichte der unglücklichen Königin posthume Genugtuung verschafft: Nachfolger Elizabeths auf dem englischen Thron wurde Marys

Loch Leven Castle in der Nähe von Perth. Die Ursprünge der Burg gehen auf das 13. Jahrhundert zurück. 1567 geriet sie ins Blickfeld der Weltgeschichte: Die schottische Königin Mary Stuart wurde hier vom schottischen Adel gefangen gehalten und gezwungen, ihre Abdankung zu unterschreiben, im gleichen Jahr erlitt sie eine Fehlgeburt. Nach einem Jahr Gefangenschaft gelang ihr die Flucht nach England zu ihrer Cousine Elizabeth I. Nur eine Woche später wurde sie zur Gefangenen der englischen Königin, die Mary nach 19 Jahren Haft hinrichten ließ.

Massaker von Glencoe
Alastair MacDonald, der 12. Chief von Glencoe, hatte den Eid auf den neuen König von England und Schottland, William III., verspätet geleistet, obwohl ein Ultimatum ausdrücklich mit schwerwiegenden Folgen drohte. Vermutlich war es gar nicht seine Absicht, das Ultimatum verstreichen zu lassen, und die Verzögerung war eher dem schlechten Wetter geschuldet, das eine Reise nach Inverary erschwerte, wo man ihm den Eid abnehmen sollte.
Dies nahm man zum Anlass, an den MacDonalds ein Exempel zu statuieren, bei dem vermutlich auch einige Rechnungen unter den rivalisierenden schottischen Clans beglichen wurden: Am Morgen des 13. Februar 1692 sollten laut Befehl des Königs alle MacDonalds ermordet werden. Das ausführende Regiment unter der Leitung von Robert Campbell of Glenlyon hatte sich zuvor bei den MacDonalds einquartiert, was den Geschehnissen eine besonders perfide Note verlieh:
Die Gäste massakrierten die Gastgeber. 38 Personen kamen so zu Tode, einigen gelang die Flucht in die Berge. Die königlichen Truppen brauchten anschließend nur die Häuser abzubrennen und das Vieh mitzunehmen, um den Geflohenen ein Überleben im Schnee unmöglich zu machen.
Das Massaker von Glencoe wurde rückblickend weniger als Aktion des Königs betrachtet, sondern eher als trauriger Höhepunkt der Auseinandersetzungen zwischen verfeindeten Hochlandclans. Heute bietet sich dem Besucher im Tal von Glen Coe ein geradezu idyllisches Bild von einsamer, unberührter Natur.

Sohn James I. Dieser ließ als König von Schottland und England später ihre zunächst in Peterborough bestatteten Gebeine umbetten. Nun ruht sie in Londons Westminster Abbey. Dicht neben ihr liegt Elizabeth I. Das Haus Stuart regierte England bis zum Tod von Queen Anne 1714.

Paradoxerweise vollzog sich durch die Personalunion der schottischen und englischen Krone unter James I. eine deutliche Abwertung des schottischen Hofes, da James sich voll und ganz auf London konzentrierte. Die europaweiten Auseinandersetzungen infolge der Reformation führten schließlich auch in Schottland zu blutigen Verfolgungen. Katholiken, Anglikaner und Presbyterianer bekämpften sich in den sogenannten Killing Times des 17. Jahrhunderts bis aufs Blut. In England schufen die Anglikaner die Staatskirche, dagegen etablierte sich in Schottland die presbyterianische Kirche allmählich zur dominierenden Partei.

Das Clan-System
Der Begriff kommt ursprünglich aus dem gälischen: *clann* bedeutet übersetzt „Kinder“ und bezeichnet eine Gruppe von Familien, die alle einen gemeinsamen genealogischen Ursprung besitzen. Die Clans siedelten sich besonders im Hochland und auf den Hebriden an. Die wichtigsten Clans setzen sich aus den Campbells, MacDonalds, MacLeods, Gordons, Chattans und MacKenzies zusammen, die über große Gebiete herrschten und somit Macht hatten. Das gemeinsame Ziel, die Freiheit des schottischen Volkes von jeglicher Fremdherrschaft, schuf ein gewisses Zusammengehörigkeitsgefühl der Familien. Der Chief, das Oberhaupt des Clans, fungierte als oberster Richter bei Streitigkeiten zwischen den Familien und war verantwortlich für die Verteilung des Landes, um dieses zu bewirtschaften . Der Chieftain, das Oberhaupt einer bedeutenden Familie, galt als Schlichter bei Streitigkeiten innerhalb seiner Familie und besaß Rechte an Wappen und weiteren Familiensymbolen. Heutzutage besitzen die bedeutenden Clans jedoch keinerlei Macht mehr und werden nur aufgrund ihrer Tradition auf unzähligen Familienzusammenkünften weitergeführt.

Während des englischen Bürgerkrieges wurde auch Schottland in den Strudel der Ereignisse gezogen und schließlich von Cromwells englischen Puritaner-Truppen überrannt. Die Hinrichtung Charles I. in London durch die Puritaner hatte zuvor im Norden für Entsetzen gesorgt, denn Charles I. war gleichzeitig englischer und schottischer König. Nach dem Ende des puritanischen Intermezzos bestieg Charles II. als Sohn und Nachfolger Charles I. sowohl den englischen als auch den schottischen Thron. Auch er hielt sich praktisch nie in Schottland auf und führte die Entfremdung der Stuart-Regenten von ihrer eigentlichen Heimat fort.

Die Regenten Englands konnten auch nach dem Tod von Queen Anne, mit der die direkte Stuart-Linie endete, ihren Anspruch auf beide Kronen – Englands und Schottlands – auf schottisches Blut zurückführen. Stammmutter des Hauses Hannover, das bis zum Tod von Queen Victoria 1901 Großbritannien regierte, war Sophie von der Pfalz, Enkeltochter James I. und Urenkelin von Mary Stuart.

DIE ENTSTEHUNG VON GROẞBRITANNIEN

1707 wurden die Parlamente von England und Schottland vereinigt, Großbritannien entstand. Das Parlament in Edinburgh

beschloss seine Selbstauflösung, wobei es sich kaum auf die Zustimmung der Schotten verlassen konnte. In den Folgejahren kam es wiederholt zu Rebellionen, an denen mehrere Clan-Chefs beteiligt waren und dafür mit ihrem Leben bezahlen mussten. Die Rebellen richteten ihre Hoffnung auf den gestürzten katholischen König James I. (von England, VII. von Schottland) und dessen Sohn Charles Edward Stuart, der als „Bonnie Prince Charlie“ in die Geschichte einging. Ihre Versuche, mit französischer Hilfe über Irland eine Invasion zu starten, misslangen. Die langfristigen Folgen dieses schottischen Aufbegehrens waren Repressionen, die unter anderem die Kultur der Schotten betrafen. Die gälische Sprache wurde ebenso verboten wie die traditionellen Highland Games. Wirtschaftliche Erwägungen führten schließlich zur brutalen Vertreibung der Hochlandbewohner, um in den Highlands Schafzucht im großen Stil etablieren zu können. Davon profitierten besonders Gutsherren aus England und den schottischen Lowlands. Das Resultat war eine Rodung und Entvölkerung der Highlands,

Nach der Erlangung der Teilautonomie 1999 machte sich Schottland daran, in Edinburgh ein neues, hochmodernes Parlamentsgebäude zu bauen.
Der katalanische Architekt Enric Miralles wurde mit der Gestaltung des Gebäudes beauftragt, das 2004 bezugsfertig war. Am 7. September 2004 hielt das schottische Parlament seine erste Versammlung ab. Viele Schotten betrachteten dies als Meilenstein auf dem Weg aus der englischen Bevormundung.

die bis heute deutlich sichtbar ist. Viele Hochlandbewohner wurden gezwungen, in Städte umzusiedeln oder gar nach Nordamerika auszuwandern. Das Britische Reich wurde zwar von Nachkommen des schottischen Königshauses regiert, doch für Schottland bedeutete die Union mit England die endgültige Herabstufung als zweitklassiges Hinterland und die Zerstörung der eigenen Kultur. So sehr die karge, menschenleere Landschaft der Highlands den Besucher heute auch verzaubern mag, so tragisch ist doch ihre Geschichte.

Nach all diesen Katastrophen brachte das 18. Jahrhundert für das so zwangsweise modernisierte Schottland eine Zeit des Aufschwungs. Kunst und Wissenschaft begannen in den schnell wachsenden Städten Edinburgh und Glasgow aufzublühen. Gegen Ende des Jahrhunderts avancierte der Dichter Walter Scott zu einem der berühmtesten und beliebtesten Literaten im Vereinigten Königreich, selbst Goethe war von ihm begeistert. Königin Victoria schließlich machte Schottland als romantisches Reiseziel populär. 1848 kaufte sie Balmoral Castle und ließ es zum Landsitz der königlichen Familie ausbauen – was es bis heute geblieben ist. Viele englische Adelige folgten ihrem Vorbild und veranstalteten Ausflüge in die schottischen Highlands. Schottland wurde plötzlich modisch, sogar das Tartan genannte Karomuster erfreute sich nun großer Beliebtheit.

DIE GEGENWART

Seit 1999 gibt es nun wieder ein schottisches Parlament, die Teilautonomie war zwei Jahre zuvor durch eine Volksabstimmung erreicht worden. Schottland unterliegt insgesamt noch immer England und ist in London durch 59 Abgeordnete im Unterhaus und 16 im Oberhaus vertreten. Das Land kann aber seit dem Scotland Act von 1998 ein teilweise eigenständiges Parlament mit 129 Abgeordneten in Edinburgh verzeichnen. Dieses übernimmt legislative Aufgaben in den Bereichen Bildung, Gesundheit, Landwirtschaft und Justiz und hat bestimmte Befugnisse bei der Festlegung von Steuersätzen. Nach 300 Jahren, seit dem Act of Union im Jahre 1707, endete für Schottland die Abhängigkeit von Parlament und Regierung in England. Belange in den Bereichen Außenpolitik, Verteidigung, nationale Sicherheit und Steuerpolitik werden jedoch weiterhin vom britischen Parlament gesteuert.

Linke Seite: DAS Symbol des Schottentums schlechthin, der Schottenrock. Die Schotten nennen ihn Kilt, das Karomuster ist der Tartan. Diese Form der Folklore ist bis heute sehr lebendig geblieben, man findet sie bei allen Generationen. Dabei wird der Kilt keineswegs nur dort getragen, wo Touristen in Sicht sind. Man sieht ihn bei offiziellen Anlässen, bei traditionellen Veranstaltungen wie den Highland Games, aber auch im Alltag.

Haggis

Ein Metzger mit dem schottischen Nationalgericht Haggis. Nur für den, der deftiges Essen mag!

KULINARISCHE SPEZIALITÄTEN:

HAGGIS: Der pfeffrig gewürzte Schafsmagen oder Ochsenblinddarm, der mit gehackten Innereien wie Herz, Lunge und Leber sowie mit Hafermehl und Zwiebeln gefüllt ist, wird traditionell mit Steckrüben oder Kartoffelbrei serviert. Die typisch kugelförmige schottische Wurst lässt sich bis zu den Kelten zurückverfolgen.

SHORTBREAD: Bei einer echten schottischen Teeparty darf Shortbread, das traditionelle Mürbeteiggebäck Schottlands, nicht fehlen. Natürlich existieren zahlreiche Variationen dieser Kekse, doch gerade seine goldgelbe, fingerdicke und mürbe gebackene Form lässt ihn leicht erkennen. Jedoch nichts für Figurbewusste!

HADDOCK: Der Schellfisch wird traditionell mit Pommes Frites (chips) serviert und ist häufig Bestandteil von fish & chips, *dem* britischen Fast-Food-Gericht schlechthin. Bei der Spezialität Finnan haddock handelt es sich um einen Fisch ohne Kopf, der über Torf geräuchert wird. Finnan haddies werden in Milch und Butter gekocht und können auch zum Frühstück serviert werden.

SYMBOLE DES SCHOTTENTUMS:

DUDELSACK: Der Dudelsack (bagpipe) wird als schottisches Nationalinstrument angesehen, obwohl er ursprünglich aus Indien stammt. Er besteht aus einem Ledersack, der durch eine Pfeife mit Luft gefüllt wird, und mehreren kleineren Holzpfeifen. Die alten Volkslieder werden durch ihn schrill und laut hervorgebracht. In Schottland wurden Dudelsäcke als Symbol nationaler Selbständigkeit zweimal verboten: nach der Reformation im Jahre 1560 und 1746 nach der Niederschlagung der Jakobitenaufstände. Dennoch verschwand der Dudelsack nie ganz und ist heute fester Bestandteil schottischer Selbstdarstellung.

KILT: Der Schottenrock, der aus dem 18. Jahrhundert stammt, ist ein Wolle gewebter, hinten gefalteter und knielanger Wickelrock, der ausschließlich den Männern vorbehalten ist. Frauen tragen dagegen *kilted skirts*, die dem Kilt ähneln. Die typische Gestaltung, das Karomuster und die Farbgebung zeigen traditionell die Familienzugehörigkeit (die Namen der Clans) an. Eigentlich ist der Kilt eine gekürzte Variante des Plaids. Der Schottenrock kann, muss aber nicht ohne Unterwäsche getragen werden. Jedoch braucht man dank der Dicke des Stoffes nicht befürchten zu frieren. Bei waschechten Schotten von einem einfachen Rockträger zu unterscheiden, gehört der sporran, das Ledertäschchen vor der Leistengegend, dazu.

Nächste Doppelseite: Ein urschottisches Motiv: Ein See, eine Burgruine im Nebel und im Hintergrund die Berge der Highlands. Hier scheint sich der Mensch aus der Natur zurückgezogen zu haben.

DIE SPRACHE

Hauptsächlich sind in Schottland drei Sprachen vertreten: Englisch, (Lowland) Scots oder Lallans und Schottisch-Gälisch. Lowland Scots wird von etwa 30 % der Bevölkerung fließend gesprochen, also von einer Minderheit. Das Gälische ist eine keltische Sprache, die dem Irischen ähnelt und heute von ca. 70.000 Schotten gesprochen wird; nur 1 % der Schotten sehen sie als ihre Muttersprache an. Besonders auf den Äußeren Hebriden ist sie vorzufinden, aber praktisch unverständlich für den Besucher. Schon Daniel Defoe stellte fest: „We could understand nothing on this side of what the people said, any more than we had been in Morocco."

Schottland, wie man es kennt und liebt: Ein Dudelsackspieler im Kilt vor Hochlandkulisse. Bei diesen typischen Attributen des Schottentums handelt es sich keineswegs nur um verkitschte Traditionen, die für Touristen am Leben erhalten werden. Sie sind tatsächlich auch politisch aufgeladene Symbole eines Landes, das versucht, seine Identität innerhalb der britischen Einheit zu behaupten.

Grenzregion und Schlachtfeld: Südschottland

Schottland und England, das ist eine Geschichte von Rivalitäten, Schlachten, Unterdrückung und Zerstörung. Nirgendwo ist das so deutlich zu spüren wie in der Grenzregion, den Borders. Melrose, Kelso und Jedburgh sind die Ruinenfelder einer Region, die sich permanent im Krieg befand. Neben den „regulären" Kriegen zwischen den Nationen, die in der Schlacht bei Flodden 1513 einen blutigen Höhepunkt erlebten, wurde die Grenzregion über Jahrhunderte heimgesucht von den *Border Reivers*, die brandschatzend und plündernd durch die damals unwegsame Landschaft zogen. Dieser Geschichte verdanken wir heute einige der prächtigsten Ruinenlandschaften Europas. Die einst mächtigen Abteikirchen in den Grenzstädten, die teilweise mehrfach zerstört wurden, sind die wichtigsten Sehenswürdigkeiten der Region. Jedburgh Abbey liegt am Ufer des Flusses Jed Water, etwa 16 Kilometer von der Grenze entfernt. König David I. gründete die Abtei 1138, um seine Macht in der umstrittenen Grenzregion zu demonstrieren. Seitdem wurde das Gebäude immer wieder zum bevorzugten Angriffsziel für englische Truppen, die die Kirche auch schon mal als Lagerstätte nutzten. Nach einem endlosen Zyklus von Zerstörung und Wiederaufbau wurde die teilweise ruinöse Anlage im 16. Jahrhundert stärker befestigt und später dennoch aufgegeben. Heute noch erstaunlich vollständig erhalten ist das Mittelschiff der Abteikirche als dachlose Ruine, während die Klosteranlagen weitgehend zerstört sind. Die dreigeschossigen Wände des Mittelschiffes bieten einen fast majestätischen Anblick mit ihren Rund- und Spitzbogenfenstern, Säulen und Arkaden. Ein idealer Ort, um sich auf Schottland einzustimmen!

Nicht weit davon entfernt liegt Kelso, ein Städtchen am Tweed. Der Charme, den der Ort zweifelsohne ausstrahlt, wird wohl für alle Zeiten in den Schatten gestellt von der imposanten Ruine der ehemaligen Klosterkirche Kelso Abbey. Im zwölften Jahrhundert erbaut, entwickelte sich das Kloster schnell zu einem der reichsten

Rechte Seite: Klöster waren im Mittelalter äußerst machtvolle Institutionen. Besonders die Klostergründungen an der Grenze zu England sollten die Macht des schottischen Königs demonstrieren. Eines der mächtigsten Klöster Südschottlands war Kelso. Im Laufe der Jahrhunderte wurde die Abtei mehrfach zerstört und wieder aufgebaut, bis sie nach der Reformation aufgegeben wurde. Das mächtige Westwerk beeindruckt noch heute.

und mächtigsten in Schottland. Nach wiederholten Zerstörungen infolge von Krieg und Reformation wurde die Ruine 1587 aufgegeben. Das beeindruckende Westwerk mitsamt Turm ist recht gut erhalten. Neben einem Besuch der Abtei lohnt es sich in Kelso auch, einen Blick auf Floors Castle zu werfen, ein imposantes Herrenhaus des 18. Jahrhunderts. Stilistisch ist es eher ein englisches als ein schottisches Haus. Die Familie, die es erbauen ließ, wohnt dort noch heute: Duke und Duchess of Roxburghe. Von Mai bis Oktober empfängt man Besucher, Restaurant und Café stehen den Gästen ebenfalls offen.

Linke Seite: Eine der schönsten Ruinen der Insel: Melrose Abbey. Das Zisterzienserkloster wurde 1136 auch aus machtpolitischen Gründen nahe der Grenze zu England gegründet. In dem als königliche Grablege genutzten Kloster wurde das Herz des schottischen Nationalhelden Robert Bruce beigesetzt.

Die dritte der großen Ruinen der Borders ist Melrose Abbey, westlich von Kelso gelegen. Zisterziensermönche begründeten das Kloster 1136 mit Unterstützung des Königs David I., der den Bau der Klöster an der Grenze aus machtpolitischen Gründen förderte. Melrose Abbey war auch Grabkirche schottischer Könige; unter anderem wurde das einbalsamierte Herz von Robert Bruce in der Abtei beigesetzt. Das Mönchsleben in Melrose endete 1560 mit der Reformation. James Stuart, der letzte Abt von Melrose, war der Sohn von König James V.

Die Ruine der gotischen Klosterkirche gehört zu den schönsten und romantischsten Kirchenruinen der Insel, verewigt in zahllosen Kupferstichen und Zeichnungen. Walter Scott hat maßgeblich zu ihrer Popularität beigetragen mit seinem Versepos *The Lay of the last Minstrel*, ins Deutsche übertragen von einem begeisterten Theodor Fontane. Melrose im Mondschein – Gipfel der Ruinenromantik. Was Scott vor fast zweihundert Jahren besang, kann auch heute noch begeistern. Von dem Kirchenbau sind nicht nur Mauern und Maßwerkfenster erhalten, sondern auch zahlreiche Säulen, Kapitelle, Wasserspeier und andere fein gemeißelte Details. Besonders stimmungsvoll wirkt der Bau bei Dunkelheit, wenn er angestrahlt wird.

WALTER SCOTT

Walter Scott, der Dichter, der das Mittelalter – oder das, was man sich im 19. Jahrhundert darunter vorstellte – populär machte, ließ sich nicht weit von Melrose Abbey entfernt nieder. Abbotsford House beschwört schon im Namen die mittelalterliche Vergangen-

Walter-Scott-Monument in Edinburgh. Neben Robert Burns ist er der schottische Nationaldichter schlechthin: Sir Walter Scott. Er machte den historischen Roman populär und schwärmte fürs Mittelalter. Werke wie „Ivanhoe" und „Rob Roy" machten ihn zu einem der meistgelesenen Autoren seiner Zeit. König George IV. erhob Scott in den Adelsstand und machte ihn zum *baronet*; daneben war der Dichter Mitglied eines Freimaurerordens. Seine letzten Lebensjahre waren geplagt von finanziellen Problemen.

heit der Gegend herauf (abbot = Abt) und ist dabei eine typisch britische Angelegenheit. Nirgendwo haben so viele prominente Schriftsteller mit solch enormem Aufwand architektonische Phantasmagorien erzeugt wie in Großbritannien. Horace Walpoles *Strawberry Hill*, William Beckfords *Fonthill Abbey* und Walter Scotts *Abbotsford House* – allesamt Fantasiegebilde einer schwärmerischen Liebe zur Geschichte. Völlig unhistorisch sind sie alle, darin liegt gerade ihr Reiz. Scott, neben Robert Burns der prominenteste Dichter Schottlands, setzte sich selbst ein Denkmal, das aus einem seiner historischen Romane zu stammen scheint. Am Ufer des Tweed gelegen, imitiert es den *baronial style* der schottischen Herrenhäuser, ohne seine Künstlichkeit zu verleugnen. Fragmente unterschiedlichster älterer Gebäude sind an verschiedenen Stellen eingefügt, das Innere ist neogotisch ausgestattet mit echten Ritterrüstungen, Waffen und jeder Menge historischer Kuriositäten. Kurz nach Scotts Tod 1832 wurde das Anwesen der Öffentlichkeit zugänglich gemacht. Die letzten direkten Nachfahren Walter Scotts, die Schwestern Dame Jean Maxwell Scott und Patricia Maxwell Scott, empfingen bis zu ihrem Tod (Patricia 1998 und Jean 2004) Besucher auf Abbotsford.

HEIRATSZIRKUS IM GRENZSTÄDTCHEN

Gretna Green, das Eldorado der jungen Heiratswütigen; zumindest war es das früher! Längst in den Kanon der Popkultur aufgenommen, verewigt in Popsongs und schmalzigen Filmen, kommt der Mythos langsam in die Jahre wie eine alte Jahrmarktsattraktion. Mittlerweile haben sich die Moralvorstellungen gelockert, und der Drang, vorzeitig zu heiraten, lässt spürbar nach. Der ganze Trubel um das Städtchen kurz hinter der schottischen Grenze begann, als 1753 ein englisches Gesetz erlassen wurde, das für Heiratswillige, die unter 21 waren, die Zustimmung der Eltern vorschrieb. Das Gesetz galt nicht für Schottland, weshalb fortan liebestolle englische Jugendliche wild entschlossen einen Kurztrip kurz hinter die Grenze unternahmen, um hier, ihren Eltern zum Trotz, ihr Glück – oder Unglück – zu besiegeln.

Walter Scott baute sich sein eigenes Denkmal: Abbotsford House ist eine pseudohistorische Fantasie, die einem seiner Romane entsprungen sein könnte.

Ein weiterer Umstand erleichterte die überhastete Eheschließung erheblich: Es genügte, wenn der Eheschwur vor zwei Zeugen abgelegt wurde; Geistliche mussten nicht unbedingt dabei sein. So

konnte also der örtliche Schmied auch Ehen „schmieden“, was wohl so häufig passierte, dass Schmied und Amboss zu Symbolen der Gretna-Green-Ehe wurden.

Die Schotten wussten den Trend und die Not der Jugendlichen schnell für sich zu nutzen – man verfügte bald, dass die Heiratswilligen mindestens 21 Tage im Lande verweilen müssten, und plötzlich erlebte das örtliche Hotelgewerbe einen ungeahnten Aufschwung. Später wurde das Mindestalter auf 16 heraufgesetzt, und heute lockt Touristen die Mock Marriage („mock“ = Schein), eine nett inszenierte, aber ungültige Zeremonie.

Ein Höhepunkt der Ruinenromantik: Melrose Abbey gehört mit den Klosterruinen von Kelso und Jedburgh zu den berühmten mittelalterlichen Monumenten der Grenzregion. Als im 19. Jahrhundert die Ruinenromantik aufkam, wurde Melrose Abbey zu einem der populärsten Ausflugsziele, besungen vom schottischen Nationaldichter Walter Scott. Hier lässt sich's gut träumen!

Mit Moos überwucherte Mauer. Schottland ist vor allem berühmt für seine urige Landschaft und seine historischen Gebäude, die eine ganz eigene Atmosphäre schaffen. Natur und Geschichte sind die Elemente, die in den Augen der meisten Reisenden den Reiz des Landes ausmachen. Früher lockte eher die Geschichte, doch mittlerweile ist die schottische Natur der Touristenmagnet.

Schottlands Landschaften sind nicht überall so karg wie im Hochland. Im Süden findet man auch ausgedehnte Wiesen mit Ginstersträuchern, die für farbige Akzente sorgen. Besonders im Westen Schottlands ist das Klima milder, als die meisten Besucher erwarten. Hier sorgt der Golfstrom ganzjährig für gemäßigte Temperaturen. Dies schlägt sich auch in der Fauna an der Westküste nieder.

Vor der großen Naturkulisse wirkt die Zivilisation mitunter ganz klein. Das Leben in der Natur bedeutet auch ein Leben nach den Gesetzen der Natur. Klima und Wetter bestimmen in den ländlicheren Regionen Schottlands das tägliche Leben.

Neben den typischen Langhaar-Rindern trifft man in Schottland besonders oft auf Schafe. Mancher Besucher mutmaßte schon, es gebe hier mehr Schafe als Schotten. Die überall betriebene Zucht von Schafen und Rindern ist auch einer der Gründe für die landschaftliche Kargheit. Die durch rigorose Rodung der Wälder gewonnenen Weideflächen wurden unter einigen wenigen Großgrundbesitzern verteilt. Diese Entwicklung stürzte früher viele einfache Schotten in Armut oder Abhängigkeit.

Nirgendwo ist das Gras so saftig und grün wie in Großbritannien. Die Schafzucht war früher einer der wichtigsten Wirtschaftszweige Schottlands. Um Weideland zu gewinnen, wurden Wälder abgeholzt und ganze Landschaften entvölkert. Trotz dieser unglücklichen Vorgeschichte kann man sich dem landschaftlichen Charme der hügeligen Weiden nur schwer entziehen.

Nächste Doppelseite: Caerlaverock Castle ist eine imposante Wasserburg aus dem 13. Jahrhundert. Sie liegt im Südwesten Schottlands und diente zur Sicherung der ins Land führenden Verkehrswege. Im Gegensatz zu den meisten Burgen in Schottland wurde Caerlaverock Castle auf einem dreieckigen Grundriss erbaut. Sie galt im Mittelalter als eine der sichersten Bastionen, dennoch wurde sie unter Edward I. von den Engländern erobert.

Die Städte: Edinburgh, Glasgow, Dundee, Perth

EDINBURGH

Die schottische Hauptstadt blickt auf eine 2.000 Jahre alte, bewegte Geschichte zurück und zählt heute ca. 400.000 Einwohner. Der schottisch-gälische Name von Edinburgh lautet Dùn Èideann, was übersetzt „Festung am Hügelhang“ bedeutet. Wer die Stadt besucht, erkennt noch heute den Grund: Hoch über der Altstadt thront auf einem erloschenen Vulkan die Burg, die der Stadt den Namen gab. Die sehr gut erhaltene Innenstadt sicherte Edinburgh einen Platz auf der Liste des UNESCO-Weltkulturerbes.

Blick von der Burg über Calton Hill zum Firth of Forth. Durch die Hügellage der Stadt ergeben sich mitunter atemberaubende Blicke. Von einem der Hügel Edinburghs hat man einen idealen Überblick über die Altstadt, Burg und Schloss bis ins grüne Umland und zum Meer.

MUSEEN IN EDINBURGH

Wer sich genauer über die Geschichte Edinburghs informieren möchte, dem sei das Museum of Edinburgh (142 Canongate) empfohlen, das die Stadtgeschichte unterhaltsam vermittelt. Das Museum of Scotland (Chambers Street) informiert darüber hinaus über die Geschichte und Kultur des Landes von der Steinzeit bis heute. Liebhaber von Malerei werden die National Gallery of Scotland aufsuchen (The Mound), einen auch architektonisch sehenswerten Komplex aus dem 19. Jahrhundert. Die beachtliche Sammlung alter Meister umfasst Werke von Tizian, El Greco, Raphael, Rubens, Rembrandt und Velázques, aber auch von Impressionisten wie Degas, Cézanne, van Gogh und Monet. Für Kunstbeflissene gibt es einen Shuttlebus, der die National Gallery alle 45 Minuten mit der Portrait Gallery und den Modern Art Galleries verbindet. Literaturinteressierte zieht es in der Regel zum Walter Scott Monument in den East Princes Street Gardens, das die Stadt ihrem berühmtesten Sohn errichtete (1840–46).

Die schottische Hauptstadt liegt eingebettet in eine wunderschöne hügelige Landschaft. Über allem thronen weithin sichtbar die Burg und Holyrood Palace.

Edinburgh Castle ist heute eine der wichtigsten und meistbesuchten Sehenswürdigkeiten Großbritanniens. Mittlerweile wird sie jährlich von über einer Million Touristen besichtigt, was während der Hochsaison mitunter für Gedränge sorgt. Ein erster Burgbau an dieser Stelle ist im siebten Jahrhundert dokumentiert. Die ältesten Bauteile des heutigen Komplexes stammen aus dem elften Jahrhundert: die im normannischen Stil gehaltene Margaret's Chapel. Der Vulkanfelsen, auf dem die Burg errichtet wurde, ist gleichzeitig der historische Kern der Stadt. Von hier aus wuchs Edinburgh zur Residenz- und Großstadt heran. Aufgrund ihrer exponierten Lage bietet die Burg bei schönem Wetter einen wunderbaren Ausblick über die Stadt und die umliegende Landschaft, allein deswegen lohnt sich schon ein Besuch. Unbedingt sehen sollte man auch die schottischen Kronjuwelen, die in der Burg aufbewahrt werden. Ebenfalls auf der Burg befindet sich das Heiligtum der Schotten, der Stone of Scone, der mittelalterliche Krönungsstein. Das in der Burg eingerichtete National War Museum präsentiert über 400 Jahre schottischer Geschichte in historischem Ambiente.

ROYAL MILE

Der Straßenzug, der die Burg mit Schloss Holyrood verbindet, wird seit Jahrhunderten Royal Mile genannt, da die Könige und Königinnen über diesen Weg zwischen Burg und Schloss pendelten. Heute ist sie Prachtstraße und Hauptschlagader. Der Besucher wird zunächst verwirrt sein, da er die Royal Mile auf den meisten Stadtplänen nicht findet. Offiziell tragen die Abschnitte des Straßenzugs verschiedene Namen: Canongate, High Street, Lawnmarket und, hinauf zur Burg führend, Castle Hill. Hier, entlang der Royal Mile, entstanden immer höhere Häuser, und so hatte die Stadt bald die ersten Hochhäuser der Welt.

An der Straße befindet sich das Observatorium *Camera Obscura*, früher ein Publikumsmagnet. Weitere Highlights entlang der Mile sind das ehemalige Parlament (heute Gericht), das Wohnhaus des energischen Reformierers John Knox, das Kindheitsmuseum (Museum of Childhood) sowie zahlreiche Gebäude aus dem 16. und 17. Jahrhundert. Wie so oft in Schottland ranken sich um viele der Häuser Geschichten und Anekdoten mit Morden, Tragödien und Hinrichtungen; die Charaktere reichen von den Mördern und Leichenräubern Burke und Hare über Stevensons Jekyll und Hyde bis zu den Nationaldichtern Walter Scott und Robert Burns. Nicht unumstrittener Vertreter der architektonischen Moderne ist das neue Parlamentsgebäude, entworfen vom spanischen Architekten Enric Miralles. Am anderen Ende der Straße schließlich steht Holyrood Palace, die Residenz der schottischen Könige und Königinnen.

Kulturell gesehen ist der September der Monat, an dem man in Edinburgh sein sollte. Unter dem Banner des Edinburgh Festival findet in der Stadt eine Reihe von sehr populären Veranstaltungen statt, die jedes Jahr mehrere Millionen Besucher anziehen. Am berühmtesten ist das sogenannte Edinburgh Military Tattoo, bei dem verschiedene, teils riesige Militärkapellen vor der Kulisse der Burg aufspielen.

Sehenswert sind in der schottischen Hauptstadt auch die Märkte, zum Beispiel der Lebensmittelmarkt Farmers' Market an der Castle Terrace (samstags, bis 14 Uhr), auf dem man schottische Spezialitäten findet. Anders als die übrigen Briten nehmen die

Princess Street, die Haupt- und Einkaufsstraße in New Town. Wer zum Shoppen nach Edinburgh kommt, wird hier alles finden, was er sucht. Allerdings gilt sie mittlerweile auch als teuerste Einkaufsstraße Schottlands. An der Straße liegen auch die National Gallery und die Royal Academy. Die Südseite der Straße ist kaum bebaut und lässt meistens einen freien Blick auf Altstadt und Burg zu. Dass dies so bleibt, garantiert mittlerweile sogar ein spezieller Parlamentsbeschluss.

Holyrood Palace
Die Residenz der schottischen Herrscher geht zurück auf ein Kloster aus dem 12. Jahrhundert. Als Edinburgh Anfang des 16. Jahrhunderts schottische Hauptstadt wurde, begannen unter James IV. (von Schottland) die Bauarbeiten an einer Schlossanlage in dem Park, der die Abtei umgab. Aus dieser Zeit ist heute nur ein Torhaus erhalten. Im Laufe des Jahrhunderts wuchs das Anwesen zu einem Schloss mit wehrhaftem Charakter. Die tragische Königin Mary Stuart verbrachte dort die Jahre bis zu ihrer Abdankung. Heute ist Holyrood der offizielle Sitz der britischen Königin in Schottland.

Edinburgher ihre *chips* (Pommes Frites) nicht mit *vinegar* (Essig), sondern mit der typischen *brown sauce*, die man unbedingt probieren sollte. Wer sich nach dem Sightseeing bei einem guten Essen entspannen möchte, dem stehen zahlreiche gute und charmante Restaurants offen. Liebhabern von bodenständiger Küche etwa sei das Lokal The New Bell empfohlen (233 Causewayside), das mit einem sehr urigen Pub kombiniert ist (The Old Bell).

Neben der Altstadt lohnt sich ein Besuch der georgianischen Neustadt mit ihren Häuserzeilen aus dem 18. Jahrhundert. Angelegt wurde das Stadtviertel, nachdem die Stadtflucht infolge der Industrialisierung zu indiskutablen Zuständen in der Altstadt geführt hatte. Heute steht die Neustadt, selbst in die Jahre gekommen, als heller, luftiger Gegensatz zur dunklen, engen Altstadt.

Edinburghs Kathedrale St. Giles dominiert die Altstadt mit ihrem charakteristischen Turmaufsatz in Form einer Krone. Hervorgegangen aus einem romanischen Kirchenbau des 12. Jahrhunderts, entwickelte sie sich langsam zur gotischen Kathedrale. Die Kirche ist heute berühmt für die zahlreichen Grabmäler und die Glasmalereien des 19. Jahrhunderts (u. a. von Edward Burne-Jones). Denkmäler erinnern an den schottischen Reformator und Gegenspieler von Mary Stuart, John Knox, und an Robert Louis Stevenson, besser bekannt als Autor und Schöpfer von Jekyll & Hyde. Besonders sehenswert ist die schöne Kapelle des Distelordens.

GLASGOW

Während Edinburgh als Residenzstadt glänzte, war Glasgow immer die Arbeiterstadt. Mit knapp 600.000 Einwohnern ist sie die größte Stadt Schottlands und eine der größten im Vereinigten Königreich. Durch ihre Nähe zur Clyde-Mündung entwickelte sich in Glasgow eine starke Schiffbauindustrie, die allerdings seit den 60er Jahren infolge der allgemeinen Rezession allmählich kollabierte. Zu Kolonialzeiten aber war Glasgow eine der wichtigsten Handelsstädte in Großbritannien. Der britische Wirtschaftsaufschwung, der in den 90er Jahren einsetzte, ließ auch die arg gebeutelte einstige Industriemetropole wieder neu erblühen.

Das heutige Glasgow ist geprägt von seinen drei Universitäten und einem reichen Kulturleben. Auch die von Charles Rennie Mackintosh erbaute Glasgow School of Art spielt noch heute eine herausragende Rolle. Den Ruf einer Arbeiterstadt hat Glasgow längst abgelegt – 1990 wurde die Stadt nicht ohne Grund zur Kulturhauptstadt Europas gewählt, 1999 wurde sie die „UK City of Architecture and Design".

Das älteste Gebäude Glasgows ist St. Mungo's Cathedral, eine gotische Kirche aus dem 13. Jahrhundert. *Provand's Lordship* in der Castle Street ist das einzige Haus der mittelalterlichen Stadt, das noch existiert. Seine historische Innenausstattung kann besichtigt werden. Ebenfalls in der Castle Street befindet sich das *St. Mungo Museum of Religious Life and Art*, das den Religionen der Welt gewidmet ist. Das auf dem Gelände der University of Glasgow gelegene *Hunterian Museum* vereinigt eine ganze Reihe von Sammlungen unter einem Dach: Kunstsammlung, archäologische Sammlung, anatomisches Kabinett, Fossilien und Mineralien sowie die zoologische Sammlung .

Eine Pflichtadresse für Kunstfreunde ist das *Pollok House*, das eine sehr sehenswerte Kollektion mit Gemälden von El Greco und Goya beherbergt. Auch erwähnenswert ist die *Burrell Collection*, die neben antiker Kunst zahlreiche Werke von Rodin, Cézanne und Degas zu bieten hat. Neben Kunst und Architektur lockt Glasgow die Besucher auch mit dem Ruf, eine der besten Einkaufsstädte der Insel, wenn nicht Europas zu sein. Die wichtigsten Einkaufstraßen sind Buchanan Street mit dem Kaufhaus Frasers sowie Argyle Street und Sauchiehall Street mit ihren Passagen, kleinen Läden, Bars und Restaurants. Das *Cruise*, ein Bekleidungsgeschäft in der Ingram Street, ist eine der beliebtesten Modeadressen der Stadt. Die Merchant City im historischen Stadtzentrum, einst von den Tabakhändlern des Kolonialreichs bevölkert, ist nicht nur der Geschäfte wegen sehenswert, auch die seit den 80er Jahren vorbildlich sanierte Architektur ist beeindruckend. Die Warenhäuser und Kirchen aus dem 19. und frühen 20. Jahrhundert lohnen einen genaueren Blick.

Die Gegenwart hat in Glasgow ebenfalls markante Spuren hinterlassen; so baute unter anderem Norman Foster das *Scottish Exhibition and Conference Centre* (SECC), auch *Armadillo* (Gürteltier) genannt, und direkt daneben die dazugehörige SECC-Arena, die folglich *Jellyfish* (Qualle) getauft wurde. Auch das am Südufer des Clyde gelegene *Glasgow Science Center* mit dem sehr auf populäre Unterhaltung ausgerichteten *ScottishPower Planetarium* und dem *Glasgow Tower* prägt das moderne Gesicht der Stadt. Wem ein Friedhof keine Beklemmungen bereitet, dem sei außerdem ein Besuch der berühmten viktorianischen Necropolis mit ihren prächtigen Grabmälern, Säulen und Obelisken empfohlen. Nach dem Vorbild des Père-Lachaise-Friedhofs in Paris und auf einem Hügel angelegt, lädt der Friedhof zum Spazieren ein. Unter den Grabtempeln sticht besonders das 1842 für den

Er ist der vielleicht berühmteste Sohn der Stadt: Charles Rennie Mackintosh schenkte der Arbeiterstadt Glasgow mit seiner Jugendstilarchitektur ein neues Gesicht. Neben der Glasgow School of Art entwarf er die Filialen der Kette Cranston, eine Schule in der Scotland Street, ein Einfamilienhaus im Bellahouston Park, Martyrs' School in der Parson Street sowie sein eigenes Atelierhaus. Seine Arbeiten rückten Glasgow ins Blickfeld der europäischen Kunstwelt, und der Ruf an die Wiener Secession ließ nicht lange auf sich warten. Heute ist sein Werk im rekonstruierten Atelierhaus zu besichtigen, das als Teil des Hunterian Museum auf dem Gelände der University of Glasgow eingerichtet wurde.

Shopping-Hauptstadt Glasgow. Wenn es ums Einkaufen geht, hat Glasgow in Schottland deutlich die Nase vorn vor Edinburgh. Allerdings – Schottland ist nicht billig und gehört noch zu den Euro-freien Ländern in der EU.

Bürgermeister Archibald Douglas Monteath errichtete Mausoleum hervor, ganz im italienischen Stil gehalten. Auf dem Areal befindet sich auch ein jüdischer Friedhof.
Nicht weit von Glasgow entfernt liegt nordwestlich in der Grafschaft Argyll der an Forellen und Lachsen reiche See Loch Awe, ein typischer, lang gestreckter Süßwassersee von 35 km Länge. Neben einigen Burgruinen steht am Ufer auch die Ruine von Kilchurn Castle, ein beliebtes Ausflugsziel. Die Burg stammt aus dem 15. Jahrhundert und war einst der Stammsitz des Campbell-Clans. Zwischenzeitlich als Unterkunft für eine Garnison genutzt, wurde die Burg im 18. Jahrhundert aufgegeben und dem Verfall überlassen. Heute dient die gesicherte Ruine als Touristenattraktion und als beliebtes Fotomotiv. Vor dem Hintergrund der kahlen Hügel ringsum ist sie ein idyllisches Abbild schottischer Romantik.

PERTH UND DUNDEE

Im Süden des Hochlands, am Firth of Tay, liegen die Städte Perth und Dundee. Perth ist ein Nest am Ufer des Tay und wäre von keinem besonderen Interesse, läge es nicht in der Nähe des sagenumwobenen Scone, des mittelalterlichen Krönungsorts der schottischen Könige. Bereits unter den Pikten war Scone ein wichtiger, vielleicht königlicher Ort. Um 1100 wurde hier eine Augustinerabtei gegründet. Ein Krönungspalast existierte zu diesem Zeitpunkt bereits in unmittelbarer Nachbarschaft. Der *Stone of Scone*, der Krönungsstein der Schotten, wurde hier aufbewahrt, bis Edward I. von England ihn als Beutestück nach London brachte, um die Unterwerfung der Schotten unmissverständlich zu demonstrieren. Von dem mittelalterlichen Scone ist nichts geblieben außer einer steinernen Säule. Die Abtei wurde, wie so viele in Schottland, als Folge von John Knox' fanatischer Reformationswut niedergebrannt.

Das heutige neugotische Scone Castle stammt aus dem Jahr 1808 und ist ein Nachbau eines Schlosses aus dem 16. Jahrhundert. Ein Besuch lohnt sich – neben den prachtvoll ausgestatteten Innenräumen ist auch der Garten zu besichtigen. Der japanische Kaiser war bereits hier und pflanzte einen Baum, ebenso Prinz Charles. Das Schloss, das von der Familie Mansfield bewohnt wird, beherbergt auch die vielleicht größte private Orchideensammlung des Königreichs. Einer der Mansfields war Gesandter an den Höfen von Dresden und Wien und später in Paris am Hofe von Louis XVI. und Marie Antoinette. Daher überrascht es nicht, dass die Familie eine beachtliche Sammlung von Kunst und Kunsthandwerk aus Frankreich sowie Porzellan aus Dresden und Meißen besitzt. Am Moot Hill, wo der alte Krönungsort vermutet wird, steht heute eine Familienkapelle der Mansfields mit einer Kopie des *Stone of Scone*.

DUNDEE

Nordöstlich von Perth liegt die viertgrößte Stadt Schottlands: Dundee. Sie erstreckt sich am Ufer des Firth of Tay, bevor dieser in die Nordsee mündet. Die Stadt ist heute vor allem bekannt für Jute und Marmelade. Die industrielle Revolution ließ die Juteherstellung zum wichtigsten Wirtschaftsfaktor in Dundee werden, und im 18. Jahrhundert kam die Marmeladenindustrie hinzu. *Marmalade* – das ist im Englischen immer gleichbedeutend mit Marmelade aus Zitrusfrüchten, meistens Orangen, alles andere wird in Großbritannien als *jam* bezeichnet. Angeblich geht die Tradition der Marmeladenherstellung in Dundee auf einen findigen Kaufmann zurück, der einem spanischen Handelsschiff, das im Hafen lag, eine Ladung spanischer Orangen günstig abkaufte. Zum Direktverzehr wurden die Früchte als zu bitter empfunden, so verarbeitete seine Frau sie zu Marmelade.

Falkirk Wheel, das modernste Schiffshebewerk Europas. Das 2002 von der Queen eröffnete Werk überbrückt einen Höhenunterschied von 24 m, der Durchmesser des Rades mit den beiden Gondeln beträgt 35 m. Verantwortlich für das futuristische Design ist das schottische Architektenbüro RMJM.

Etwa hundert Jahre später trug sich die größte oder zumindest berühmteste Katastrophe in der Geschichte Dundees zu: 1879 stürzte die große neue Brücke über dem Firth of Tay ein und riss einen Zug mit 75 Passagieren in die Tiefe. Fontane besang das Unglück in einer Ballade und machte es auch in unseren Breiten berühmt.

Dundee ist auch eine Universitätsstadt, was sich deutlich an der Bevölkerung ablesen lässt, denn die Studenten machen einen beträchtlichen Teil der Stadtbevölkerung aus. Die Dundonians sind außerdem berüchtigt für ihren Akzent. Hin und wieder gerät die Stadt auch wegen ihrer sozialen Probleme in die Schlagzeilen. Nördlich von Dundee, etwa acht Kilometer von Forfar entfernt, liegt das malerische Glamis Castle. Im Kern eine mittelalterliche

THE GLASGOW
SCHOOL
OF ART
167

Wohnburg, erhielt es sein jetziges Aussehen im 17. Jahrhundert. Robert Bruce vermachte das Land 1372 der Bowes-Lyon-Familie, die dort heute noch residiert. Prominentestes Mitglied der Familie in jüngerer Zeit war Elizabeth Bowes-Lyon, besser bekannt als Queen Mum, Mutter der britischen Königin. Queen Mum verbrachte ihre Kindheit auf Glamis Castle und brachte ihre Tochter Prinzessin Margaret dort zur Welt. Glamis Castle ist außerdem einer der möglichen Schauplätze von Shakespeares Macbeth; immerhin gibt es einen Raum, der früher als „Mordzimmer" vorgeführt wurde. Tatsache ist, dass der besagte Raum zur Tatzeit noch nicht erbaut war, doch wen stört das in einem Gemäuer, in dem es auch noch spuken soll. Immerhin ist überliefert, dass die Familie im 19. Jahrhundert gar ein „Monster" im Schloss verborgen hielt. Allerdings ist die Existenz eines stark deformierten, möglicherweise behinderten Familienmitglieds nicht zweifelsfrei gesichert. Mit oder ohne Macbeth, Gespenst oder Monster, Glamis Castle hat Besuchern mit seiner üppigen Innenausstattung und den weitläufigen Gärten einiges zu bieten.

Linke Seite: Das vielleicht bekannteste Werk Charles Rennie Mackintoshs ist das Gebäude der Glasgow School of Art, das um 1900 erbaut wurde. Es gilt als eines der wichtigsten Beispiele des Jugendstil in Großbritannien.

Nächste Doppelseite: Arthur's Seat in Edinburgh. Mit einer Höhe von 250 m thront der Hügel über der Altstadt. Von hier aus hat man einen wunderbaren Blick auf die Stadt und die umliegende Landschaft. Er ist Teil der Hügelgruppe, die Holyrood Park formen.

Die Kathedrale von Glasgow: St. Mungo. Sie gilt als eines der besten Beispiele gotischer Architektur in Schottland.

THE CARLTON

living in motion

Edinburgh: Parade der Royal Highland Fusiliers vor dem Portal von Holyrood Palace. Normalerweise hält sich die Queen eine Woche im Jahr in offizieller Angelegenheit auf Holyrood Palace auf. Seit der Einrichtung des schottischen Parlaments 1999 sind die Besuche der Queen und von Prince Charles allerdings häufiger geworden. Zeitweise vermutete man sogar, Princess Anne würde als ständige Vertreterin der Königin Holyrood zu ihrem Hauptsitz machen, doch bislang ist dies nicht passiert.

Nächste Doppelseite:
Die ältesten Hochhäuser Europas stehen in der Royal Mile in Edinburgh. Platzmangel in der übervölkerten Altstadt führte dazu, dass hier bereits im 18. Jahrhundert immer höher gebaut wurde – bis zu 15 Stockwerke. Damit sind diese Gebäude älter als die Hochhäuser New Yorks. Selbst in London, damals der Nabel der Welt, kannte man derartig hohe Wohnhäuser nicht.

Zeitunglesende Schotten in Edinburgh. Inmitten des Großstadttrubels findet man in Edinburgh auch zahlreiche Gelegenheiten zum Abschalten und Entspannen. Während die alten Herren sich der Regenbogenpresse widmen, wacht der Hund aufmerksam über das Geschehen.

Chinesisches Restaurant in Edinburgh. Neben den zahlreichen erstklassigen Restaurants gibt es in der schottischen Hauptstadt unzählige kleinere und billigere Gelegenheiten für eine Mahlzeit. Fish & Chips, der britische Fast-Food-Klassiker, ist nur eine von vielen preiswerteren Möglichkeiten, lecker zu essen.

Siesta in den Princess Street Gardens. Die Briten sind gar nicht so förmlich wie ihr Ruf. Dieser Landsmann hat es sich ganz unkonventionell bequem gemacht. Allerdings lässt das unbeständige schottische Wetter solche spontanen Nickerchen im Gras nur äußerst selten zu.

Die britische Kneipenkultur ist legendär. Die Pubs und Taverns sind für alle gesellschaftlichen Schichten der wichtigste öffentliche Treffpunkt. Meist geht es dort recht rustikal zu.

Bobbies hoch zu Ross: berittene Polizisten in Edinburgh. Die britischen Polizisten, *bobbies* genannt, sind traditionell meist nur mit Schlagstöcken und neuerdings Elektroschockern bewaffnet. Polizisten, die anstelle der markanten Rundhüte herkömmliche Schirmmützen tragen, sind dagegen auch mit Schusswaffen ausgestattet.

Stadtrundfahrt im offenen Bus. Dieser ausrangierte Stadtbus wurde zum Touristenbus umfunktioniert und einfach aufgesägt. Die beliebten roten Busse mit offener Plattform sind mittlerweile allerdings weitgehend verschwunden, denn sie verstoßen gegen EU-Richtlinien. Damit verlor Großbritannien eine seiner Ikonen, die in aller Welt bekannt sind.

Das Walter-Scott-Monument in den Princess Street Gardens. Mit 61 m Höhe dominiert das Denkmal für den Dichter Walter Scott die grüne Senke in der Altstadt. Das im gotischen Stil gehaltene Denkmal stammt aus viktorianischer Zeit. Scott hatte einen entscheidenden Anteil daran, dass Mittelalter und Gotik im 19. Jahrhundert wieder in Mode kamen.

Edinburgh: Pub am Canongate, Royal Mile. Fast in jeder britischen Stadt gibt es ein Pub mit dem Namen The World's End, so auch in Edinburgh. Canongate ist der untere Abschnitt der wichtigsten Boulevards von Edinburgh. Der Name ist nicht etwa von cannon (Kanone) abgeleitet, sondern bedeutet übersetzt so viel wie Priesterweg.

Edinburgh: Gaststätte am Lawnmarket, Royal Mile. Früher befand sich am Lawnmarket ein Stoffmarkt, heute gibt es hier zahlreiche Pubs und Restaurants. Deacon Brodie's Tavern wurde nach einem Mann von zweifelhafter Reputation benannt. Der gelernte Schreiner belieferte seine Kunden nicht nur mit Möbeln, sondern kehrte nachts zurück, um sie auszurauben. 1788 wurde er vor dem Gefängnis Tolbooth gehängt. Möglicherweise diente das Doppelleben Brodies Robert Louis Stevenson als Inspiration für seine Geschichte von Jekyll und Hyde. Der Pub und das Restaurant im ersten Stock sind heute bei Touristen sehr beliebt.

Das National Monument auf dem Calton Hill, Edinburgh. Nach dem Vorbild der Akropolis errichtete man im 19. Jahrhundert dieses Denkmal für die Toten der napoleonischen Kriege. Der Legende nach war ursprünglich geplant, einen vollständigen Tempelbau zu errichten, als der Stadt das Geld ausging. Tatsächlich aber war das Denkmal von Anfang an als künstliche Ruine konzipiert.

Nächste Doppelseite: Die futuristische Veranstaltungshalle in Glasgow heißt offiziell Clyde Auditorium, doch meist wird sie nur Armadillo (Gürteltier) genannt. Sie gehört zu den herausragenden Beispielen moderner Architektur in Glasgow.

Palmenhaus im Royal Botanic Garden Edinburgh. Das grüne Paradies im Herzen der Stadt ist einer der ältesten botanischen Gärten Europas – er wurde im 17. Jahrhundert gegründet. Das Palmenhaus aus dem Jahr 1858 ist das größte in Großbritannien.

Die futuristische Veranstaltungshalle in Glasgow heißt offiziell Clyde Auditorium, doch meist wird sie nur Armadillo (Gürteltier) genannt. Sie gehört zu den herausragenden Beispielen moderner Architektur in Glasgow, die in jüngerer Zeit internationales Aufsehen erregten. Das Büro von Lord Norman Foster gestaltete sowohl dieses Gebäude als auch die benachbarte SECC Arena. Am Ufer des Clyde gelegen, bilden sie einen Komplex für Großveranstaltungen, zu dem auch das Glasgow Science Center gehört.

Glasgow ist besonders für seine Shopping-Möglichkeiten bekannt, doch auch in kultureller Hinsicht macht die Stadt Edinburgh mittlerweile Konkurrenz. Das Kelvingrove Museum Glasgow ist eines der beliebtesten Museen in Schottland, seine Sammlungen umfassen Malerei, Bildhauerei, Kunstgewerbe, aber auch antike ägyptische Kunst. In den vergangenen Jahren wurde es umfassend restauriert und verzeichnet seitdem Besucherrekorde.

Glamis Castle ist ein malerisches Schloss am Fuße des Hochlands. Queen Mum verbrachte ihre Kindheit hier. Obwohl die Anlage noch heute privat bewohnt ist, sind Besichtigungen möglich.

Eine der ältesten noch bewohnten Burgen in Schottland, königliches Jagdschloss und Zufluchtsort für katholische Geistliche: Traquair House bei Edinburgh. Nicht weniger als 27 schottische Könige und Königinnen haben dieses katholische Haus besucht. Heute kann man das Bett besichtigen, in dem Mary Stuart übernachtet hat, oder die Produkte der alten Brauerei probieren.

Weltwunder der Technik: die Brücke über die Meeresenge Firth of Forth bei Edinburgh. Der Koloss aus Stahl gilt als technisches Meisterwerk. 1890 wurde die Eisenbahnbrücke eröffnet, mittlerweile gilt sie als nationale Ikone. Schottland bemüht sich sogar um eine Aufnahme der Brücke ins UNESCO-Weltkulturerbe.

Aberdeen, Inverness und die Highlands

ABERDEEN

Nach Glasgow und Edinburgh ist Aberdeen mit ca. 200.000 Einwohnern die drittgrößte Stadt Schottlands. Sie liegt im Osten des Landes an den Mündungen der Flüsse Dee und Don, dadurch ist sie eine wichtige Seehafenstadt und Umschlagplatz für zahlreiche Güter. Die Stadt ist stark auf das Meer ausgerichtet, das auch im hintersten Winkel ohne Meeresblick zu spüren ist – nicht zuletzt wegen der Möwen. Das Meer ist heute noch ein wichtiger Wirtschaftsfaktor der Stadt, denn vor der Küste wird seit den 70er Jahren Erdöl gefördert.

Das Stadtbild Aberdeens ist noch heute geprägt vom Baumaterial: silbrig schimmernder Granit, der der Stadt den Namen Granite City und eine einheitliche Farbe gab. In der Nähe Aberdeens befand sich der zeitweise größte Granitsteinbruch Großbritanniens. Heute gähnt am Ort des Steinbruchs Rubislaw Quarry ein 90 Meter tiefes Loch, gefüllt mit Regenwasser. Besonders ein Spaziergang durch die Altstadt „Old Aberdeen" lohnt sich. Die wichtigsten Attraktionen erreicht man bequem zu Fuß. Kopfsteinpflaster und alte Gemäuer erzeugen einen eigenen Charme, und die Einkaufsmöglichkeiten und Museen liegen dicht beieinander. Im Herzen der Stadt steht die gotische Kirk of St Nicholas, deren älteste Gebäudeteile aus dem 12. Jahrhundert stammen. Gegen Ende des 19. Jahrhunderts zerstörte ein Feuer einen Großteil der Kirche, die anschließend wieder aufgebaut wurde. Der mächtige Turm stammt aus dieser Zeit, er birgt heute ein *carillon*, ein Glockenspiel. Ein weiteres beeindruckendes Baudenkmal ist die Universität. Wer in Aberdeen studiert, tut dies in altehrwürdigen Hallen: Das Hauptgebäude mit Kapelle und dem markanten Turm mit Krone wurde um 1500 errichtet. Nicht studiert, aber immerhin die Schulbank gedrückt hat in Aberdeen einer der berühmtesten Dichter des Königreichs: Lord Byron. An ihn erinnert ein Denkmal – natürlich aus Granit – vor der Schule in der Skene Street

King's College in Aberdeen. Die spätgotische Anlage wird von einer steinernen Krone überragt. Die Universität von Aberdeen kann auf eine 500-jährige Geschichte zurückblicken.

AUF DEM WEG INS HOCHLAND: BURGEN UND SCHLÖSSER

Von Aberdeen aus gelangt man in das klassische Hochland, die Grampian Mountains. Auf dem Weg dorthin liegen einige sehenswerte Burgen. Castle Fraser ist eine mächtige Burganlage mit einem stolzen Wohnturm aus dem 16. Jahrhundert, wie im Märchen eingebettet in eine traumhafte Parklandschaft. Eine Besichtigung lohnt sich schon wegen der historisch ausgestatteten Innenräume und wegen des Burggartens. Vom Wohnturm aus bietet sich ein schöner Rundblick über Garten und Parkanlage. Für Liebhaber von Burgenromantik wird einiges geboten, von Geheimtüren und versteckten Treppen bis zur Sammlung ausgestopfter Tiere. Die traditionelle viktorianische Küche des Hauses bedient sich auch im hauseigenen Gemüsegarten. Nicht weit davon entfernt liegt Crathes Castle am Fluss Dee. Die gut erhaltene Wohnburg aus dem 16. Jahrhundert wurde vier Jahrhunderte lang von einer einzigen Familie bewohnt. Einige der historischen Deckenbemalungen sind bis heute erhalten geblieben und sind damit nahezu einzigartig. Auf dem Grundstück

laden acht unterschiedliche Gärten des 19. Jahrhunderts zum Besuch ein, ebenso ein Restaurant.

Die dritte Burg auf dem Weg in die Berge ist Craigievar Castle, wie Crathes und Fraser eine typische Burganlage mit Wohnturm auf L-förmigem Grundriss. Mit ihrer rosa getünchten Fassade, den kleinen Fenstern und zahlreichen Türmchen und Ausbuchtungen sieht sie beinahe aus wie ein Fantasiegebilde. Das Gebäude wurde Anfang des 17. Jahrhunderts fertiggestellt, als Mittelalter und Ritterromantik längst Geschichte waren. Dennoch ist es ein typischer Vertreter der baronial castles, und wie viele dieser Anlagen wird es heute noch bewohnt. Burgherren sind die Sempills, die ihre Clan-Geschichte bis ins hohe Mittelalter zurückverfolgen können. Davor hausten hier über 350 Jahre lang die Forbes, die den Besitz einem geschäftlich äußerst erfolgreichen Urahn zu verdanken hatten. Ein Forbes betritt die Burg durch die Tür und, so will es das Sprichwort, verlässt sie durchs Fenster. Dahinter steckt schlicht der Umstand, dass die Tür zu klein ist, um Särge hinauszutragen.

Heute gilt die Burg, mittlerweile vom National Trust of Scotland gekauft und verwaltet, als eines der besterhaltenen Beispiele dieses Burgentyps. In den Sommermonaten sind Führungen möglich, allerdings nur für kleine Gruppen. Craigievar Castle liegt am Fuße der Grampian Highlands. Die höchste Erhebung ist der Ben Nevis (1.343 m) am westlichen Rand Schottlands. Diverse Flüsse entspringen den Grampian Mountains: der Spey, der nach Norden in die Nordsee fließt, Don und Dee, die beide in Aberdeen ins Meer münden, und der Tay, der weiter südlich bei Perth ins Meer fließt.

Die Region Speyside ist auch bekannt als Whisky Trail. Die Zeiten, wo an jedem Bach, der in den Grampian Mountains entspringt, Whisky destilliert wurde, sind wohl vorbei, aber noch immer ist das Spey-Tal das Eldorado der Whisky-Liebhaber und historisches Kernland des schottischen Whiskys. Schottischer Whisky hat die Weltmärkte noch immer fest im Griff, und natürlich ist man sich dessen bewusst. Mehr als die Hälfte der schottischen Brennereien findet man entlang dem Whisky Trail. Glenfiddich in Dufftown ist sicherlich die bekannteste, daneben gab es einst ein halbes Dutzend weitere Destillerien in der Stadt. Mittlerweile hat man auch ein Whisky-Museum eingerichtet, und das Dufftown Autumn Whisky

Linke Seite: Ein typisches Besipiel des *Baronial Style* ist Craigievar Castle. Seit den sechziger Jahren wird das Märchenschloss von National Trust verwaltet und kann besichtigt werden.

Whisky
Schon Mark Twain schrieb: „Whisky ist für einen Schotten ebenso harmlos wie Milch für den Rest der Menschheit." Das „Wasser des Lebens", wie er auch bezeichnet wird, ist schottischer Exportschlager Nummer 1. Der Single Malt Whisky gehört zu den führenden Weltmarken und wird ausschließlich in Schottland hergestellt. Unbedingt pur trinken!

Balmoral Castle
Popularität kann fatale Folgen haben – im Falle von Balmoral Castle führte sie sogar zum Abriss. Queen Victoria, die Schottland als romantisches Ausflugsziel in England populär machte, war von einem Besuch in den Highlands so beeindruckt, dass sie beschloss, dort ein Anwesen zu kaufen. Ein Kandidat war schnell gefunden: Schloss Balmoral, das gegen Ende des 14. Jahrhunderts für William Drummond erbaut worden war, stand gerade zum Verkauf, eine gute Gelegenheit also. Victoria und Albert kauften das Schloss mitsamt Grundstück, ohne es gesehen zu haben. 1848 reiste das Herrscherpaar nach Balmoral, um das Schloss in Augenschein und Besitz zu nehmen. Den beiden gefiel, was sie sahen, allerdings befanden sie es als zu klein. So wurde ein Neubau neben dem Standort des alten Schlosses geplant, damit die neuen Besitzer während der Bauarbeiten bereits logieren konnten.

Als Architekt des Neubaus von Balmoral Castle beauftragte Queen Victoria William Smith aus Aberdeen. 1853 wurde der Grundstein des Neubaus gelegt, und drei Jahre später konnten die Bauarbeiten abgeschlossen werden. Der Architekt hatte die Aufmerksamkeit des Herrscherpaares erregt mit Gebäuden in Aberdeen, die den spätmittelalterlichen Tudor-Stil imitierten. Und so war auch der Neubau von Balmoral Castle an den Vorgänger angelehnt. Für den Altbau bedeutete dies leider den Abriss. Schloss Balmoral ist bis heute der Scmmersitz der britischen Königin, die sich dort jedes Jahr aufhält. Das Grundstück der Windsors umfasst mittlerweile 26.000 Hektar Land.

Die beliebteste Veranstaltung im Hochland: die Highland Games. Unerschrockene Schotten werfen Baumstämme, Steine, Hämmer und andere schwere Dinge durch die Luft. Dabei tragen sie den Kilt, den traditionellen Schottenrock. Die Spiele sind ein Stück keltischer Tradition, das bis heute lebendig geblieben ist. Das rituelle Kräftemessen wird aber erst seit dem 19. Jahrhundert in der heutigen Form betrieben.

Beinn Eighe ist Großbritanniens ältester Nationalpark. Ursprünglich ging es nur darum, alte Kiefernwaldbestände zu schützen, doch dann schloss man auch die umliegenden Landschaften mit ein. Heute ist der Park ein beliebtes Ziel bei Wanderern.

Festival lädt jedes Jahr gegen Ende September ein zum Probieren, Besichtigen und Fachsimpeln. Der Spey, idyllischer Fluss im Tal des Hochprozentigen, hat auch noch ganz andere Gaumenfreuden zu bieten: Er ist einer der lachsreichsten Flüsse der Insel.Die berühmteste Sehenswürdigkeit in Aberdeenshire im östlichen Teil der Grampians ist wohl Balmoral Castle.

DAS HOCHLAND: DIE GRAMPIAN MOUNTAINS

Die Highlands sind Schottlands Mythenland. Karge Berge, düstere Täler, klare Gebirgsflüsse, filmreife Wasserfälle, aber auch Tragödien, Clan-Kriege und erzwungener Exodus. Und schließlich findet man alle erdenklichen Schottland-Klischees hier in konzentrierter Form: Hochlandrinder, Schottenrock, Dudelsack, Shortbread, Baumstammwerfen und Loch Ness. Die Geschichte der gewaltsamen Entvölkerung der Highlands ist tragisch, doch sie hat eine Landschaft zurückgelassen, deren Faszination sich kaum einer entziehen kann. Kein Wunder, dass der Dichter James Macpherson die literarische Welt Europas in Aufregung und Ekstase versetzte, als er 1765 die – von ihm gefälschten – Gesänge des keltischen

Hochlandbarden Ossian publik machte. Archaische Wucht, titanenhafte Klagegesänge, Seelenleid und wütende Naturgewalten – die Highlands hatten ihr passendes literarisches Abbild gefunden. Bis dahin galten sie als Inbegriff der Rückständigkeit (aus englischer Sicht) oder als anklagende Landschaft des nationalen Untergangs (aus schottischer Sicht), die Killing Times waren gerade einmal hundert Jahre her, und nun avancierte das Hochland dank Ossian zum mythischen Ort. Die Wiederentdeckung setzte sich im 19. Jahrhundert fort, als Queen Victoria sich in Balmoral niederließ und Shortbread, Karo und Dudelsack wieder in Mode kamen.

Ein Besuch in den Highlands ist heute allerdings keine rein melancholische Angelegenheit. Zwar ist die Natur karg, die Besiedelung noch immer extrem dünn, aber für reges Leben sorgen jährlich die Highland Games. Den ganzen Sommer über finden sie an verschiedenen Stellen statt, vom Hammerwerfen bis zum Baumstammwerfen gibt es keine Grenzen, auch Felsbrocken sollen bereits durch die Luft geflogen sein. Die teilnehmenden Spieler tragen in der Regel Schottenrock zum Muscle-Shirt. Ihren Ursprung haben die Spiele in Wettkämpfen unter den Clans, heute dienen sie sowohl der eigenen Identitätspflege als auch touristischer Belustigung. Es gibt durchaus Versuche, die durch Stadtflucht noch verstärkte Entvölkerung der Highlands rückgängig zu machen, wirkliche Erfolge stellten sich bisher allerdings nicht ein. Das Land ist Eigentum weniger Familien mit Großgrundbesitz, was die Ansiedlung von kleinen oder mittelständischen Betrieben erschwert, da helfen auch Steuererleichterungen nicht wirklich. Außerdem sind die Highlanders nicht gerade berühmt für ihre Aufgeschlossenheit jeglichem Fortschritt gegenüber. Bis auf weiteres wird das Hochland also bleiben, was es ist: eine wirtschaftlich unterentwickelte, spärlich besiedelte Gegend – reich an Natur, landschaftlichen Qualitäten und voller Geschichte. Teile des Hochlands, die Cairngorms, sind mittlerweile zum Nationalpark geworden, dem größten und wichtigsten Naturreservat auf der Insel. Ein Drittel der in Großbritannien lebenden bedrohten Tierarten findet man in den Highlands; Überreste der Wälder, die die Insel ursprünglich bedeckten, haben dort überlebt und stehen mit ihren teils seltenen Baumarten unter Schutz. Dennoch kommt auch das Vergnügen nicht zu kurz: Rund um den kleinen Ort Aviemore, etwa 40 km südlich von Inverness am Spey gelegen, ist das schottische Wintersportzentrum entstanden. Wassersport, Golf, Ski – im

Wasserwege im Inselreich Schottland. Das Meer ist für die Bewohner der unzähligen schottischen Inseln eine schwer zu kalkulierende Naturgewalt, die das tägliche Leben bestimmt.

Der stimmungsvollste Aussichtsposten über Loch Ness ist Urquhart Castle am Westufer des Sees. Auch ohne Seeungeheuer ist Loch Ness eine Attraktion: über 35 km erstreckt sich der schmale, aber tiefe See südlich von Inverness.

Sommer wie im Winter gibt es hier genügend Möglichkeiten, Sport zu treiben und dabei die Landschaft zu genießen.

INVERNESS UND LOCH NESS

Das einzige städtische Zentrum im Hochland selbst ist Inverness, eine Kleinstadt zwischen dem Loch Ness und der Nordsee, einst residierte hier König Macbeth hier. Vor der Stadt liegt Fort George, das der britische König George II. 1769 als Bollwerk gegen die widerspenstigen Anhänger des gescheiterten Stuart-Prinzen Charles (Bonnie Prince Charlie) anlegen ließ – eine riesige Festungsanlage mit Kaserne, die heute noch beeindruckt. Benutzt wurde sie allerdings nie, denn nach der Niederschlagung der Rebellion Charlies formierte sich kein nennenswerter Widerstand mehr gegen den König. Im Zentrum von Inverness kann man sich im Inverness Museum (Castle Wynd) über die Geschichte des Hochlands informieren, außerdem gibt es eine Kunstgalerie und ein Discovery Centre, das vor allem Kindern einiges bietet. Aber die meisten Touristen, die nach Inverness kommen, interessiert natürlich nur eins: Loch Ness.

Vielleicht das beliebteste Ausflugsziel in Schottland: Urquhart Castle, Loch Ness. Solange sich im Wasser nichts regt, müssen Reisende mit dem Dudelsackspieler vorlieb nehmen

Die Ägypter haben die Pyramiden, die Franzosen den Eifelturm, die Amerikaner die Freiheitsstatue – die schottische National-Ikone ist ohne Zweifel Nessie, das Ungeheuer von Loch Ness. Seit mittlerweile 1.300 Jahren geistert das Monster durch mal mehr, mal weniger seriöse Berichte, doch so richtig populär wurde Nessie erst im 20. Jahrhundert. Vermutlich spielt dabei die Erfindung des Massentourismus und der Massenmedien eine nicht unwesentliche Rolle, denn ohne das Phantom Nessie würde die Region rund um den See wohl kaum Touristenmassen anlocken. Die positiven Auswirkungen, die ein Nessie-artiger Spuk auf die Besucherzahlen haben kann, hat man natürlich auch andernorts aufmerksam beobachtet – Loch Ness ist beileibe nicht der einzige See in Schottland (geschweige denn weltweit), der die Existenz eines Seeungeheuers für sich reklamiert. In den 30er Jahren tauchten erste Amateurfotos von Nessi auf, und die Zunft der Zoologen – sofern sie sich überhaupt mit Derartigem beschäftigt – glaubt, Ähnlichkeiten mit einem Plesiosaurus auszumachen. Natürlich wäre zum Überleben einer Spezies über Millionen von Jahren mindestens eine ganze Kolonie von Tieren nötig, und überhaupt eignet sich Nessie kaum zur ernst-

Urquhart Castle wacht über den vielleicht berühmtesten See der Welt: Loch Ness. Wem das Warten auf Seeungeheuer zu lang wird, kann die schöne Burgruine in der Nähe von Inverness besichtigen.

haften Betrachtung. Vermutlich regten große Fische im tiefschwarzen Wasser des Sees die Fantasie einiger Spaziergänger derart an, dass prompt die Fantasie mit ihnen durchging. In der Regel dauert es einige Jahrzehnte, bis die vermeintlichen Nessie-Beobachter zugeben, dass ihre Fotos gefälscht waren, zumindest darauf ist Verlass. Dass sich eine eigentlich von Grund auf lächerliche Geschichte von einem Seeungeheuer derart lange halten kann, ist vermutlich den atmosphärischen Qualitäten des Sees zuzuschreiben.

Allein die Größe des Sees ist schon beeindruckend: Bei einer Breite von 1,5 km kommt das Gewässer auf eine Länge von 37 km, es reicht von Inverness bis Fort Augustus. Die Angaben über die Wassertiefe schwanken zwischen 200 m und 300 m, sie ist jedenfalls beachtlich. Genug Raum für ein Tier, sich über Jahrtausende zu verstecken, könnte man meinen, doch selbst Untersuchungen mit Sonartechnik konnten keine ungewöhnlichen Lebensformen ausmachen. Da Loch Ness ein Torf-See ist, ist das Wasser von dunkel färbenden Partikeln durchsetzt, die es tiefschwarz erscheinen lassen.

Kein See also, in den man bei schönem Wetter gerne einmal spontan hineinspringt – zumindest nicht ohne mulmiges Gefühl –, selbst ohne Nessie; das Wasser erreicht selbst im Hochsommer keine Temperaturen, die zum Schwimmen einladen. Vermutlich ist es auch zu kalt für Reptilien. Auch ohne Plesiosaurus ist Loch Ness einer der fischreichsten Seen Schottlands: Aale, Lachse, Hechte, Forellen – kurzum, ein Anglerparadies. Dafür benötigt man allerdings eine Lizenz, die man vor Ort erwerben kann. Am atmosphärischsten ist Loch Ness dort, wo Natur und Ruinen zusammen eine stimmungsvolle Kulisse ergeben. Kurz vor dem Örtchen Drumnadrochit, bekannt für allerlei Nessie-Rummel, steht die malerische Ruine von Urquhart Castle. Auf einem Felsvorsprung am Seeufer gelegen, ist die im 13. Jahrhundert erbaute Burganlage der ideale Posten für einen Blick über den See in beide Richtungen – zumindest, soweit das Wetter den Blick freigibt.

Die bekannteste unter den schottischen Burgen: Eilean Donan Castle an der Westküste vor Skye. Die Anlage wurde erst im 20. Jahrhundert rekonstruiert, seitdem ist die heute wieder in Privatbesitz befindliche Burg eines der beliebtesten Ausflugsziele Schottlands.

DER STAR UNTER DEN BURGEN: EILEAN DONAN CASTLE

Schottlands Neuschwanstein? Eilean Donan Castle! Vielleicht die schottische Burg schlechthin, jedenfalls was die populäre Wahrnehmung anbetrifft. An der zerfurchten Westküste vor Skye thront sie dramatisch auf einem Felsen im Meer, über eine Brücke mit dem Festland verbunden, wie aus einem Ritterfilm entsprungen. Die Ursprünge der Anlage gehen zurück auf das 13. Jahrhundert, und ihre Geschichte in den folgenden Jahrhunderten gleicht die der meisten mittelalterlichen Anlagen Schottlands: Bau, Zerstörung, Neubau, Zerstörung, abermals Neubau, abermals Zerstörung ... Irgendwann gab man allerdings auf: Nach der letzten Destruktion durch Bombardements der Burg während der Jakobitenaufstände 1719 überließ man die zerstörten Teile dem Verfall. Der – bis dato – letzte Wiederaufbau erfolgte nicht, wie man meinen könnte, infolge der allgemeinen Ruinenromantik des 19. Jahrhunderts, sondern 1911. Lieutenant Colonel John MacRae-Gilstrap erwarb Land und Burg und machte sich an das ambitionierte Unterfangen einer Rekonstruktion. Die „neue alte" Burg ist heute eines der populärsten Ausflugsziele in Schottland, nicht zuletzt führten ihre diversen Filmauftritte (u. a. 1985 in „Highlander", 1999 im James-Bond-Film „Die Welt ist nicht genug") zu einem hohen Bekanntheitsgrad. Während früher der MacKenzie-Clan hier residierte, ist Eilean Donan Castle heute Sitz der MacRaes.

Nächste Doppelseite: Kilchurn Castle ist eine Burg des 14. Jahrhunderts, ehemals Sitz der Campbells. Später nutzte man sie als Stützpunkt der Truppen, die den Jakobitenaufstand niederschlugen. 1760 zerstörte ein Blitzeinschlag die Burg, seitdem ist sie eine Ruine. Noch heute ist ein Turm zu sehen, der seit dem Einsturz kopfüber im Burghof liegt. In den Sommermonaten kann man die Ruine per Boot besichtigen.

Das Tal von Glen Coe. Der Name gilt noch heute vielen als Synonym für den tragischen Verlauf der schottischen Geschichte. Heute ist Glen Coe ein friedlicher, idyllischer Ort, der in eine melancholische Stimmung getaucht scheint.

Er ist der höchste Berg der britischen Inseln: Ben Nevis. 1.343 Meter hoch erhebt er sich am westlichen Rand der Grampian Mountains. Seine im europäischen Vergleich geringe Höhe sollte man allerdings nicht unterschätzen, denn ein Aufstieg beginnt etwa auf dem Niveau des Meeresspiegels. Berüchtigt ist der Berg auch, weil er oft binnen Minuten von Wolken völlig verhüllt wird. Jährlich fordert der Ben Nevis etwa ein Dutzend Menschenleben, meist unerfahrene Wanderer.

Weites Land, menschenleer: die schottischen Highlands. Wer das unbeständige Wetter nicht scheut, findet im Hochland ein fast grenzenloses Wanderparadies mit Bergen, Seen, und einer fast unberührten Natur. Neben verschiedenen Naturschutzgebieten, die besonders für Vogelfreunde attraktiv sind, gibt es auch Raum für Wintersport.

Nächste Doppelseite: Weite, Stille, Freiheit. Schottland bietet Natur pur, und das im Überfluss. In solchen Landschaften lässt es sich ideal entspannen.

Archaische Landschaften findet man in Schottland überall. Im Hintergrund die Berge der Highlands, davor karge Heide und Wälder. Zusammenhängende Waldgebiete findet man in Schottland vor allem im Osten des Hochlands, entlang des Spey-Tales. Daneben gibt es zahlreiche Hochmoore. Die jahreszeitlichen Temperaturunterschiede sind in Schottland vergleichsweise gering. Das gemäßigt-feuchte Klima begünstigt die Ausbreitung einer feuchtigkeitsliebenden Vegetation.

Wie eine Mondlandschaft erscheinen die Highlands mitunter. Hier gibt es zahllose Gebirgsseen und Bäche mit glasklarem Wasser. Und selbst in dieser kargen Umwelt leben viele seltene Tierarten.

Eine geradezu gespenstische Symmetrie hat die Natur hier geschaffen. Die Seen des Hochlands sind oft ruhige und dunkle Gewässer. Zum Baden lädt das Wetter allerdings äußerst selten ein.

Schottischer Horizont mit Regenwolken. Landschaftliche Schönheit und raues Klima sind hier untrennbar. Binnen Minuten kann das Wetter in den Bergen umschlagen, darauf sollte man als Wanderer gefasst sein. Alpine Temperaturen sind selbst in Schottlands Norden allerdings selten. Winterlichen Dauerfrost findet man nur in einigen Regionen des Hochlands, da insgesamt eher gemäßigtes Klima vorherrscht.

Markante Bergformationen im Nordwesten. Das Hochland und die Insel Skye sind für Wanderer ebenso wie für Bergsteiger Paradiese. Wetterfestigkeit ist allerdings eine Grundvoraussetzung für einen ausgedehnten Ausflug in die schottische Natur.

Flache Flüsse, glasklares Wasser und ein verlockender Fischreichtum – Schottland ist auch ein Anglerparadies. Neben Forellen, Hechten und Aalen findet man in den Flüssen vor allem auch reiche Lachsbestände.

Beeindruckende Kräfte der unberührten Natur. Im Hochland gibt es zahlreiche malerische Wasserfälle. Das Wasser ist durchaus trinkbar.

Die überwältigende Schönheit der Natur lässt sich in Schottland so eindrucksvoll besichtigen wie an kaum einem anderen Ort.

Der raue Norden, wo er am schönsten ist: die Hebriden

Ein landschaftlich besonders reizvolles Reiseziel sind sicherlich die Inseln im Nordwesten Schottlands. Sie werden in zwei Gruppen unterteilt: Äußere Hebriden und Innere Hebriden. Ihnen gemeinsam ist eine Landschaft, die noch karger ist als die Highlands. Die Stürme, die vom Meer über die Inseln fegen, haben die Baumbestände immer wieder empfindlich dezimiert. Erst in jüngster Zeit forstet man an einigen günstigen Lagen der Inseln die Wälder wieder auf. Von den insgesamt etwa 500 Hebrideninseln ist nur etwa ein Fünftel bewohnt, oft nur von einem Dutzend Menschen.

Der Accordion and Fiddle Club ist in Portree auf Skye eine feste Größe. Hier, auf den abgelegenen Hebriden-Inseln, gehört das Club-Festival zu den kulturellen Highlights. Dabei spielen nicht nur Fidel-Erfahrene, hier darf jeder auf die Bühne. Seit 1983 gibt es diese Institution, die jeden Samstag auch im örtlichen Radio zu hören ist.

Wer also völlig abtauchen will von allem städtischen Trubel und jeglicher Industrie, wer einfach nur ursprüngliche Natur und raues Klima sucht, der wird hier sein Glück finden. Die größte Insel der inneren Kette ist die Isle of Skye. Ihr Name bedeutet nicht ganz zufällig „Insel der Wolken“ und geht auf die Wikinger zurück. Wer hier hinkommt, muss sich auf ein feuchtes Klima einstellen. Im Gegensatz zum eher wechselhaften schottischen Wetter regnet es auf Skye oft wochenlang. Seit 1995 über eine Brücke mit dem Festland verbunden, wird die Insel mittlerweile regelmäßig von Touristen frequentiert. Das einzige Städtchen auf Skye (daneben gibt es verschiedene Dörfer) ist Portree, wo man sich im Aros, einer Art Heimatmuseum mit Restaurant, über die Insel informieren kann – das übliche audiovisuelle „Erlebnis“ wartet auch hier auf Besucher. Von Aros aus kann man zu einer Rundfahrt im Minibus aufbrechen, sich Filme über den auf Skye beheimateten Seeadler anschauen oder die Kunstgalerie, Konzerte mit traditioneller Musik und Theateraufführungen besuchen. Wenn das Wetter nichts anderes zulässt, werden auch Kinofilme angeboten, doch dieses Vergnügen hat wohl ausschließlich für die Einwohner seinen Reiz, denn Besucher kommen ja in der Regel, um nichts als Natur zu genießen.

Portree ist die Hauptstadt von Skye. Das kleine Städtchen mit 2.500 Einwohnern ist die einzige nennenswerte Ansiedlung mit öffentlicher Infrastruktur auf der Insel. Das Hafenstädtchen liegt an der Nordostküste der Insel.

DUNVEGAN CASTLE

Architektonisches Highlight auf Skye ist sicherlich Dunvegan Castle, etwa 30 Kilometer von Portree entfernt. Majestätisch thront die mächtige Burganlage auf einem Felsen am Loch Dunvegan, einer Meeresbucht. Noch vor 250 Jahren war sie umgeben von pechschwarzem Moor, das heute einem Park mit sehenswerten Gärten und Wasserfällen gewichen ist. Im Wesentlichen stammen die Gärten aus dem 18. Jahrhundert, und ihre Anlage kann durchaus als gärtnerische Meisterleistung betrachtet werden, berücksichtigt man die äußerst widrigen Rahmenbedingungen. Als der Burgherr in den 70er Jahren die Rekonstruktion in Angriff nahm, stieß er zunächst auf den Widerstand der Nachbarn, die eine Zerstörung der Natur befürchteten.

Die Burg selbst ist 1933 zum ersten Mal für Besucher geöffnet worden, mittlerweile empfängt man das ganze Jahr über. Die Besichtigung ist schon allein deswegen interessant, weil die Burg seit acht Jahrhunderten Stammsitz der Familie MacLeod ist. Das macht sie zur ältesten bewohnten Burg Schottlands und die MacLeods zu den ausdauerndsten Burgherren. Die Kräfte der Natur und der Geschichte scheinen ihnen nichts anhaben zu können – nicht ganz zufällig lautet das Clan-Motto „hold fast" („halte fest"). Das Motto geht auf eine Begebenheit um 1300 zurück, als Malcolm, dritter Chief of MacLeod, einen wild gewordenen Bullen nur mit einem Dolch bewaffnet niederstreckte. Natürlich wurde eines der Hörner des Bullen als Trophäe aufbewahrt, und natürlich existiert diese Trophäe noch heute. Nach wie vor muss jeder männliche Erbe als Teil eines Männlichkeitsrituals Wein aus diesem Horn trinken. Aber genau das erwartet man schließlich von einem echten schottischen Burgherrn. Der einzige Bruch in der Kontinuität der MacLeods wurde durch schiere materielle Not erzwungen: Nach den Hungersnöten von 1847 suchten die Clan-Chefs ganz profan Arbeit in England, um den finanziellen Ruin abzuwenden. Dieses unglückliche Intermezzo dauerte bis 1929.

Wie ein düsterer Schatten ragen sie auf: die Black Cuillin auf Skye. Bei Bergsteigern sind sie beliebt, obwohl sie nicht ungefährlich sind. Der höchste Berg der Kette, der Sgurr Alasdair, erreicht eine Höhe von 992 m, der Sgurr Dearg liegt mit 986 m knapp darunter.

Ein besonders behütetes Exponat auf Dunvegan Castle ist die Fairy Flag, ein Seidentuch ungeklärter Herkunft, möglicherweise eine Flagge aus den Kreuzzügen oder gar aus dem frühen Mittelalter. Genaues weiß man nicht, und das macht das Tuch zum idealen Träger für allerlei Mythen und Legenden, die man in Schottland so schätzt. Etwas realer dagegen ist die Locke von Bonnie Prince Charlie, die sich ebenfalls im Familienbesitz befindet.

Die MacLeods mögen die führenden Burgherren sein auf Skye, der wichtigste Clan ist jedoch der der MacDonalds. Sleat, die grüne Halbinsel im Süden von Skye, ist seit 1495 Sitz eines Zweiges der MacDonalds. Der dortige Familiensitz ist Armadale Castle, dessen Bau allerdings erst um 1790 begonnen wurde. Große Teile des Anwesens wurden im 19. Jahrhundert durch einen Brand zerstört, die Ruinen sind noch heute zu sehen. Das nach dem Brand neu erbaute Haus daneben wird heute für verschiedenste Zwecke genutzt, unter anderem kann man hier heiraten.

Ein landschaftlich besonders imposantes Bild bieten die Black Cuillin, eine Bergkette im Westen der Insel Skye. Sgurr Alasdair ist mit knapp 1.000 m Höhe die höchste Erhebung. Die Berge bestehen vor allem aus vulkanischem Basalt. Inmitten der Cuillin liegt der sagenhaft schöne See Loch Coruisk, der nur per Schiff oder zu Fuß zu erreichen ist. Ein Besuch mit dem Boot lohnt sich, denn neben den umwerfenden landschaftlichen Qualitäten dieses Gebirgssees kann man so auf dem Weg auch die örtliche Robbenkolonie besichtigen.

Weiter nördlich an der Küste liegt der kleine Ort Carbost, Heimat der berühmten Talisker Distillery. Wem das nichts sagt: Aus Talisker-Whisky wird Johnnie Walker hergestellt.

LEWIS UND HARRIS

Ein beliebtes und lohnenswertes Reiseziel auf den Äußeren Hebriden ist auch die Insel Lewis, die größte Insel der äußeren Kette. Genau genommen heißt nur der nördliche, flachere Teil der Insel Lewis, während der bergige südliche Teil Harris genannt wird.

Stornoway ist der einzige größere Ort auf der Insel und gleichzeitig die ideale Ausgangsposition für Ausflüge in alle Richtungen. Das kleine Hafenstädtchen entstand um die auf das 12. Jahrhundert zurückgehende Burg Stornoway. Ursprünglich Sitz der MacNicols, wurde sie von Leod dem Wikinger erobert, der sich niederließ und den Clan der MacLeods of Lewis begründete. Noch Jahrhunderte später behaupteten die MacLeods ihre Eingeständigkeit gegenüber allen Versuchen der schottischen Könige, sie durch fügsamere Untertanen zu ersetzen. Zerstört wurde die Burg schließlich im britischen Bürgerkrieg unter Cromwell, danach nutzte man die Ruine als Steinbruch für den Hafenausbau. Die Burg Lews, die heute über dem Ort thront, stammt beileibe nicht aus dem Mittelalter – sie wurde 1847 errichtet. Dank ihrer Bedeutung als Stützpunkt der Royal Air Force verfügt Stornoway sogar über einen kleinen Flughafen. Daneben ist die Stadt ein wichtiger Standort der Fischerei.

Besucher sollten allerdings beachten, dass Lewis und Harris stark protestantisch geprägt sind. Die meisten Bewohner befolgen das Gebot der Sonntagsruhe sehr strikt, deshalb ruht der öffentliche Verkehr, es fahren keine Busse oder Fähren, Geschäfte bleiben geschlossen und sogar Tankstellen sind sonntags nicht besetzt. Selbst die Suche nach einer Unterkunft kann dadurch zum Problem werden. Wer sich also am Wochenende hier aufhält, sollte diesen Umstand beherzigen und sich bevorraten.
Landschaftlich ist Lewis geprägt vom Moorland. Die Küste ist felsig, doch es gibt einige Sandstrände; leider fehlt das Badewetter – es

sei denn, man ist extrem hartgesotten. Fährt man nach Norden, gelangt man an den Butt of Lewis, den nördlichsten noch zugänglichen Ort der Insel. Immerhin schaffte es Rubha Robhanais, wie die Landspitze auf Gälisch genannt wird, als windigster Ort im Vereinigten Königreich ins Guinness-Buch der Rekorde. Der Gedanke ist faszinierend: Richtung Norden gibt es nichts mehr außer der Arktis, in Richtung Westen ist Nordamerika das nächste Festland in Luftlinie. Einen Leuchtturm gibt es hier natürlich, er stammt aus dem 19. Jahrhundert. Vor der Küste türmen sich markante Felsformationen auf, und selbst an diesem unwirtlichen Ort gibt es einen Sandstrand. Wenn nur das Wetter ...

Wer sich über das Leben auf den Hebriden informieren möchte, besucht am besten das weiter südlich an der Atlantikküste gelegene Arnol. In einem ortstypischen torfgedeckten Blackhouse aus Feldsteinen, archaisch anmutenden Behausungen, ist eine historische Wohnsituation eingerichtet. Schornsteine gibt es nicht, der Rauch des Torffeuers zieht also durch das ganze Haus und verbreitet einen recht markanten Geruch. Fenster sind, soweit vorhanden, sehr klein gehalten, um Wind und Wetter auszusperren.

Ein schönes Beispiel einer typischen Kirche auf Lewis findet man ebenfalls an der Westküste bei Europie. Die mittelalterliche St. Moluag's Church unterscheidet sich äußerlich nicht wesentlich von den Wohnhäusern der Region, so schlicht und karg ist sie gehalten. Sogar in der frühen Neuzeit berichtete man noch von heidnischen Ritualen, die hier praktiziert wurden. Aus heidnischer Vorzeit stammt auch die Hauptsehenswürdigkeit der Insel. Die Calanais oder Callanish Standing Stones sind das Stonehenge Schottlands. Gerade hier, im rauen, archaisch anmutenden Norden, wirken die Steinkreise besonders unwirklich. Dieser Ort scheint nicht irdisch, er scheint eine zeitlose Mondlandschaft zu sein. Die Errichtung der Steine wird auf 2000 v. Chr. geschätzt, vermutlich handelte es sich um einen heiligen Ort, der als Begräbnisstätte genutzt wurde. 13 Monolithen stehen in einem Kreis von ca. 13 m Durchmesser. Die einzelnen Steine sind bis zu 5 m hoch, ihr Gewicht wird auf über 5 Tonnen geschätzt, insgesamt sind es 50. Außerhalb des Kreises formieren sich sternförmige Linien in die Himmelsrichtungen, nach Norden wird eine Allee markiert. Die Anlage zeichnet möglicherweise die Mondlaufbahn nach. Neben diesem bekanntesten

Monument, Calanais I, gibt es in der umliegenden Gegend weitere Steinformationen, Calanais II und Calanais III, insgesamt sind es neunzehn steinzeitliche Orte, von denen hier Überreste erhalten sind. In der Nähe der Hauptanlage informiert ein Besucherzentrum anschaulich über die Geschichte des Ortes und die kultische Bedeutung der Steine.

Uriges Ambiente in einer Herberge auf Uist, einer der Inseln der äußeren Hebriden. Höchsten Komfort sollte man dort nicht erwarten.

So beeindruckende Monumente kann Harris, der südliche Teil der Insel, nicht bieten, stattdessen verbindet man den Namen normalerweise mit profaneren Dingen. Harris Tweed ist ein weltbekannter Stoff, der vor kurzem eine unerwartete Verjüngung erfuhr: Nicht nur alte Damen in kalten Jahreszeiten tragen Harris Tweed, nein, auch ihre Enkel tun es – seit ein führender amerikanischer Hersteller von Sportschuhen den Stoff für seine Modellkollektion entdeckt hat. Aber vermutlich wissen die Enkel nicht mehr, was Harris Tweed ist. Die für den Tweed verwendete Wolle wird auf den Inseln der Äußeren Hebriden gewonnen, nicht nur auf Harris.

Die Jugendherberge auf Uist: stilechtes Wohnen oder Zelten auf der Insel. Auch bei Rucksacktouristen werden die Hebriden immer beliebter.

AUßENPOSTEN DER ZIVILISATION: STAFFA UND ST. KILDA

Zivilisationsflüchtlingen seien zwei schottische Außenposten besonders empfohlen: Staffa, eine der Inneren Hebriden, und St. Kilda weit draußen im Atlantik.

Staffa wird Liebhabern klassischer Musik bekannt sein, denn Felix Mendelssohn-Bartholdys Besuch auf der menschenleeren Insel brachte die Hebriden-Ouvertüre hervor. Fingal's Cave ist die Hauptattraktion auf Staffa. Die vom Meer gewaschene Höhle inspirierte auch Scott, Keats und Wordsworth und damit die Dichterelite Großbritanniens zu Lobesgesängen in Versform. Infolge der romantischen Schwärmerei für die vermeintlich antiken keltischen Gesänge Ossians wurde die Höhle nach einer Figur Ossians benannt, sozusagen als romantischer Ritterschlag. Die Höhle ist flankiert von bizarren Felsformationen aus Basalt. Das Lavagestein bildete auf der ganzen Insel bizarre Säulen, die beim Erkalten der Lava zu prismenförmigen Gebilden erstarrten. Sie sichern Staffa einen regen Besucherstrom – schon Queen Victoria fand die Insel einen Besuch wert. Seit einigen Jahren bricht man mit der Tradition, die Insel als Weideland zu nutzen, seitdem erholt sich die Vegetation allmählich. Neben verschiedenen Vögeln wie Papageientauchern

RSPB – Royal Society for the Protection of Birds
Die Organisation widmet sich dem Schutz der heimischen Vogelarten und ihrer Aufenthaltsorte. Sie ist mit über einer Million Mitgliedern die größte freiwillige Organisation in Europa, die sich mit dem Artenschutz befasst, und bietet in ihren 200 Naturreservaten 80 % der seltensten und meist bedrohten Vogelarten Schutz. Der Hauptsitz der Organisation befindet sich in Edinburgh, weitere Niederlassungen sind in Glasgow, Aberdeen and Inverness.

und Möwen leben hier auch Robben. Staffa ist ein guter Ausgangspunkt, um nach Zwergwalen, Riesenhaien und Delphinen Ausschau zu halten.

Die ultimative Abgeschiedenheit bietet sicherlich die nordwestlichste der Inseln: St. Kilda. Die imposanten Klippen der vulkanischen Insel 170 km vor dem Festland sind Heimat von über einer Million Seevögeln, die hier eine ihrer wichtigsten Brutstätten in Europa haben. Aus diesem Grund steht die Insel unter dem Schutz der UNESCO. Vor knapp achtzig Jahren haben die letzten menschlichen Bewohner die Insel verlassen, was allerdings nicht bedeutet, dass sie nun völlig der Natur überlassen wäre. Einige der Wohnhäuser sind erhalten und vermitteln einen vagen Eindruck davon, wie archaisch das Leben hier gewesen sein muss. Bis ins 19. Jahrhundert lebte man hier völlig autark – ohne Geld, ohne Steuern. Die Pacht für das

Acker- oder Weideland bezahlte man in Naturalien. Doch in dem Maße, wie die Eingeständigkeit abnahm und der Kontakt zum Festland (bzw. zu den Hebriden) zunahm, wuchs auch die Unzufriedenheit mit der eigenen Lebenssituation: Lebensmittelknappheit (zuletzt im Ersten Weltkrieg) und Grippeepidemien machten das Überleben auf der Insel schwer. Was für manch einen klingen mag wie eine gesellschaftliche Utopie, eine Art arktisches Arkadien, endete 1930 mit der Evakuierung der 36 noch verbliebenen Insulaner. Die übrigen Bewohner von St. Kilda waren bereits nach Australien ausgewandert.

Heute wird die Insel vom National Trust verwaltet, seit 1956 unterhält auch das Verteidigungsministerium eine Radarstation auf St. Kilda. Wer die Insel besuchen möchte, muss sich auf feuchtes und bisweilen stark windiges Klima gefasst machen. Manchmal ist der Wind so stark, dass jegliches Fortbewegen unmöglich wird.

Wer die Hebriden-Insel Staffa besucht, kommt normalerweise ihretwegen: Fingal's Cave. Man kann die berühmte Höhle aus Basalt auch zu Fuß besichtigen, doch die meisten Besucher kommen mit dem Boot. Allerdings nehmen sich nur wenige die Zeit, tatsächlich einen Fuß auf die Insel zu setzen. Schiffsrundfahrten starten unter anderem von Oban und Iona.

Fingal's Cave auf Staffa. Die Höhle ist ein berühmtes Naturdenkmal auf der Hebriden-Insel. Sie ist flankiert von natürlichen Basaltsäulen, die auf der ganzen Insel zu finden sind und schon im 19. Jahrhundert zur Touristenattraktion wurden. Das erkaltende Lavagestein erzeugte diese Kunstwerke der Natur auf der vulkanischen Insel. Besonders Dichter und Komponisten waren begeistert von Staffa.

Hauptattraktionen auf der Insel Lewis sind die Steinkreise von Callanish. Das Alter der prähistorischen Kultstätte wird auf ca. 4.000 Jahre geschätzt. Neben der berühmtesten Anlage, Callanish I, befinden sich weitere 18 steinzeitliche Formationen auf Lewis. Auch Jahrtausende nach seiner Errichtung ist dies ein mythischer Ort, der Besucher in seinen Bann zieht. Er gilt als Stonehenge des Nordens

Nächste Doppelseite: Moosbewachsene Ruinen auf Howmore, einer Landschaft auf South Uist in den äußeren Hebriden. Die Gebäudereste gehen zum Teil auf das zwölfte Jahrhundert zurück.

Über dem Regenbogen fühlen sich offensichtlich die Betreiber dieses kleinen Ladens in Portree. Mit ca. 2.500 Einwohnern ist dies die einzige Kleinstadt der Insel. Das Leben auf den Hebriden ist äußerst spartanisch, kulturelle Abwechslungen gibt es kaum. Allerdings wächst der jährliche Besucherstrom seit einigen Jahren stark an, damit sind die Zeiten der völligen Abgeschiedenheit wohl endgültig vorbei.

Sie fahren fast alle Hebriden-Inseln an: die Schiffe der Caledonian MacBrayne. Mit ihnen kann man nicht nur die Inseln ansteuern, sondern auch das Wildtierleben im Meer beobachten. CallMac ist ein Betrieb im Besitz des schottischen Staates. Zur Zeit fahren 29 Schiffe unter der CallMac-Flagge.

Die Insel Harris ist bekannt für Ihren Tweed. Diese Tweed-Weberin arbeitet noch heute mit einem über 100 Jahre alten Hattersley-Webstuhl. Lange Zeit haftete dem Tweed der Ruf des Altmodischen an, bis ein großer Hersteller von Sportschuhen den Stoff für seine neuen Kollektionen entdeckte. Dies ist allerdings der einzige nennenswerte Erfolg, den die seit den 60er Jahren im Niedergang befindliche Textilindustrie der Region verbuchen konnte.

Leben mit und von der Natur: ein Torfstecher auf Harris bei der Arbeit. Die Bequemlichkeiten des modernen Lebens haben sich in den kargen Regionen des Nordens noch nicht vollständig durchgesetzt. Manch einer lebt hier noch wie im 19. Jahrhundert.

Imposante Landschaft aus Basalt: die Black Cuillin auf der Hebriden-Insel Skye. Unter Sportkletterern sind sie äußerst beliebt, während sie für das einfache Wandern nicht besonders geeignet sind. Verborgen inmitten der dunklen Berge liegt einer der schönsten Seen Schottlands, Loch Coruisk. Er ist nur über das Meer zu erreichen.

Eines der traditionellen Black Houses, die mit doppelten Mauern und Torfdach optimalen Schutz gegen das Wetter bieten. Teilweise waren sie bis in die Siebziger Jahre bewohnt und werden mittlerweile restauriert. Da es keine Schornsteine und nur kleine Fenster gibt, zieht der Rauch des Torffeuers durch den Innenraum und verleiht allem einen äußerst markanten Geruch.

Nächste Doppelseite: Dunvegan Castle auf der Insel Skye. Die Familie der MacLeods lebt hier seit immerhin 800 Jahren, damit ist Dunvegan die am längsten bewohnte Burg Schottlands. Sie ist mittlerweile für Besucher geöffnet. Neben der Innenausstattung ist eine Reihe kurioser Reliquien wie die Locke von Bonnie Prince Charlie zu sehen.

Bergsteiger auf dem Grat der Black Cuillin auf Skye. Die größte der inneren Hebriden-Inseln ist reich an Naturschönheiten und wird mittlerweile auch bei Touristen immer beliebter. Trotzdem bietet sie noch heute vor allem Natur pur.

The Needle. Einer der markantesten Felsen im Quiraing wurde aus offensichtlichen Gründen Needle (Nadel) getauft. Über 36 Meter ragt er in die Höhe. Das Quiraing-Gebirge ist äußerst reich an Mineralien.

Eine verzauberte Landschaft wie auf einem anderen Planeten: die bizarre Steinwelt des Quiraing. Dieses Gebirge weist einzigartige Felsformationen auf, die im Laufe der Zeit aufgrund von Erdverschiebungen entstanden. Es gehört zu den Hauptattraktionen auf der Hebrideninsel Skye

Handa Island vor der schottischen Westküste ist ein Eldorado für Vogelfreunde. Hier leben zahlreiche seltene Seevögel, die nahezu ihr ganzes Leben auf See verbringen. Sie kommen praktisch nur zum Brüten an Land, wo sie sich an für Menschen schwer zugänglichen Klippen niederlassen. Daneben ist Handa Island aber auch ein karges landschaftliches Paradies.

Nächste Doppelseite: Auch das gibt es im Norden: Sandstrände auf Harris. Nur das Badewetter fehlt leider ganzjährig.

Torf gehört auf Harris noch zu den verbreiteten Heizmaterialien. Traditionell spielt Torf auch bei der Herstellung von Whisky eine wichtige Rolle. Brennholz gibt es in Schottland dagegen wenig, da die Waldbestände gering sind.

Nächste Doppelseite: Die Red Cuillin auf Skye. Während die schwarzen Berge vor allem für Bergsteiger attraktiv sind, bevorzugen Wanderer meist die roten Berge. Die höchsten Erhebungen dort sind der Glamaig mit 775 m und der Marsco mit 736 m.

Mehr als ein Fels in der Brandung: St. Kilda, eine Inselgruppe der äußeren Hebriden. Die Insel ist eine wichtige Brutstätte für Seevögel.

Bildnachweis

Alle Abbildungen, soweit nicht anders angegeben,
von © Jan Hübler.

Abbildungen auf den Seiten 6/7, 14, 16, 18, 27, 34 unten,
52, 56, 57, 74/75, 76/77, 83, 84, 86/87, 95, 150/151
© dpa picture alliance.